ASTRID SCHMITT

Moderne Platten & Häppchen

PROFESSIONELLE ARRANGEMENTS FÜR ALLE ANLÄSSE

ASTRID SCHMITT

Moderne Platten & Häppchen

PROFESSIONELLE ARRANGEMENTS FÜR ALLE ANLÄSSE

Fotografie:
Wolfgang Usbeck Photographie, Obertshausen

MATTHAES VERLAG GMBH
Ein Unternehmen der dfv Mediengruppe

„ESSEN SOLL ERST DAS AUGE ERFREUEN
UND DANN DEN MAGEN“

Getreu dem Motto von Johann Wolfgang von Goethe erstelle ich mit großer Leidenschaft Platten und Buffets.

Das bedeutet aber nicht, dass ich stundenlang in der Küche stehe und die einzelnen Platten, Häppchen und Salate bis aufs kleinste Detail kunstvoll arrangiere. Für mich steht das wirtschaftliche und appetitliche Anrichten von guten Produkten im Mittelpunkt. Mir ist wichtig, dass alle Rezepte praxiserprobt sind und ich Ihnen ein Buch an die Hand gebe, mit dem Sie täglich arbeiten können. Keine besonders gestylten Wettbewerbs- oder Prüfungsarbeiten, sondern Platten, die bei Ihren Kunden gut ankommen.

Natürlich gibt es einfache und aufwändige Produkte, aber alles in allem sind die hier abgebildeten Platten, Häppchen und Snacks so arrangiert, dass sie von geschickten Händen ohne Schwierigkeiten nachzumachen und somit „alltagstauglich" sind.

DIESES BUCH SOLL INSPIRIEREN

Doch was ist eigentlich „Inspiration" und wofür brauchen wir sie?

Inspiration – der Duden definiert sie als „schöpferischen Einfall, Gedanke, plötzliche Erkenntnis, erhellende Idee, die jemanden, besonders bei einer geistigen Tätigkeit, weiterführt. Ja sogar als Erleuchtung oder Eingebung".

Allgemeinsprachlich versteht man darunter etwa einen unerwarteten Einfall oder einen Ausgangspunkt künstlerischer Kreativität. Und genau dafür soll das Buch dienen. Als Ausgangspunkt Ihrer künstlerischen Kreativität. Die Rezepturen bieten eine Grundlage, auf der Sie auf einfache Art und Weise eigene Kreationen ableiten können.

Es zeigt Rezepte und Ideen aus meinem langjährigen Erfahrungsschatz. Bewährtes ist mit Neuem verknüpft. Dabei schwebt über allem meine Leidenschaft gutes Essen ansprechend zu präsentieren.

Ich wünsche mir, dass dieses Buch einen festen Platz in Ihrer Küche haben wird.

Ich wünsche Ihnen, dass Sie täglich mit Freude und Leidenschaft an die Arbeit gehen und viele Anregungen umsetzen können.

Herzlichst Ihre

Astrid Schmitt

INHALT

8 Grundsätzliches

10 Legetechniken

14 Dips, Salate & Vorspeisen

58 Häppchen & Fingerfood

100 Fisch & Meeresfrüchte

146 Fleisch, Wurst & Käse

204 Desserts & Früchte

256 Bezugsquellen

258 Rezeptregister

261 Die Autorin

264 Impressum

GRUNDSÄTZLICHES

Damit alles gelingt!

„Kochen ist Handwerk" noch treffender passt die Aussage „Kochen ist Kunst und Handwerk zugleich" zu diesem Buch. Denn beim Anrichten von Platten, Häppchen und Salaten steht nicht unbedingt das Zubereiten der Grundprodukte im Mittelpunkt. Hier geht es vor allem um das appetitliche Präsentieren von guten Lebensmitteln. Dabei ist ein künstlerisches Auge gefragt. Denn bei allen Regeln, die es für das Präsentieren von kalten Platten gibt, kommt es auch immer auf Kreativität, auf Einfühlungsvermögen und Geschicklichkeit an. Auch Erfahrung, Kombinationswissen, Zutaten und das richtige Handwerkszeug spielen eine Rolle.

Ein sauberer, kühler Arbeitsplatz, ein Schneidebrett und ein paar gute scharfe Messer und Arbeitswerkzeuge spielen neben formschönen Platten, Schalen und Schüsseln die Hauptrolle wenn es um die Zubereitung der verschiedenen Arrangements geht.

Doch bevor es an das Anrichten geht, müssen beste Grundprodukte zusammengestellt werden. Selbstgemacht oder zugekauft? Das ist nicht unbedingt entscheidend. Wichtig ist erstklassige Qualität und entsprechende Wirtschaftlichkeit. Jeder Caterer muss selbst entscheiden, welchen Produktmix er haben möchte. Ich persönlich setze auf beste Grundprodukte und eine präzise Zubereitung. In Teilbereichen verwende ich Convenience-Artikel in guter Qualität. Sie sorgen in vielen Fällen für gleichbleibende Qualität, stetige Verfügbarkeit und Kalkulationssicherheit.

Apropos Kalkulation – wir haben in diesem Buch bewusst auf Kostenkalkulation verzichtet. Dieser Bereich ist so umfangreich und von so vielen Faktoren beeinflusst, dass er eigens besprochen werden sollte. Zur Kalkulation der Mengen gebe ich Ihnen gerne meine Richtwerte weiter. Meine Erfahrung sagt mir, dass man ein grobes Gerüst festlegen kann, jedoch auf bestimmte Einflüsse wie Tagesablauf bei Hochzeiten, Art der Veranstaltung etc. achten sollte. Für ein ausschließlich kaltes Buffet bereite ich pro Person etwa 700 bis 800 Gramm vor. Ein kalt-warmes Buffet setzt sich aus Vorspeisen, Hauptgerichten, Beilagen, Salaten, Soßen, Käse, Dessert und Brot zusammen und umfasst pro Person etwa ein Kilogramm Ware. Ich kann feststellen, dass neuerdings mehr Vorspeisen gegessen werden und der Hauptgang etwas an Gewicht verliert. Auch süße Desserts sind sehr beliebt. Bei Fingerfood oder Flying Buffets rechne ich weniger mit dem Gewicht sondern eher mit der Anzahl der Kleinigkeiten, die angeboten werden. Bei einem kurzen Sektempfang reichen drei bis fünf Teilchen pro Person. Bei einem Flying Buffet, das eine Hauptmahlzeit ersetzen soll, müssen mindestens zehn manchmal bis zu 15 Miniportionen veranschlagt werden. Auch das hängt von vielen Faktoren wie beispielsweise vom Anlass, den angebotenen Produkten und nicht zuletzt vom Budget ab.

Die Beschreibungen in diesem Buch entsprechen den Mengen, die auf den Platten abgebildet sind. Bei Rezepten wie beispielsweise Soßen und Dips sind die Mengenangaben für ca. 500 Gramm zusammengestellt. Ich gehe jedoch davon aus, dass die schriftlichen Ausführungen in den meisten Fällen nur der Orientierung dienen. Bereits beim Betrachten der Fotos werden in Ihrem Kopf neue und abgewandelte Kreationen entstehen, die Ihre eigene Handschrift tragen. Und genau dafür ist das Buch gedacht. Es soll Anregungen geben und Sie inspirieren. Aus diesem Grund gibt es sowohl einfache als auch anspruchsvolle Arrangements für verschiedene Anlässe.

Die Ideen sind über Jahre gesammelt, in der Praxis getestet und mit Liebe zum Detail zusammengestellt. Trotzdem wird es so sein, dass dem Einen das Dessert zu süß oder die Salsa zu scharf ist. Dem Einen gefällt eine Zutat im Salat nicht, der andere findet die Garnitur unpassend. Da es in vielen Bereichen beim Plattenlegen nicht strikt nach genauen Regeln geht und man heute süß und salzig auch passend kombinieren kann, ist Ihre eigene Kreativität gefragt. Lassen Sie sich inspirieren, testen Sie und wandeln Sie nach Ihrem Geschmack und dem Ihrer Kunden ab. Lassen Sie dabei Ihrer Fantasie freien Lauf. Behalten Sie bei der Betrachtung der Bilder immer im Hinterkopf, dass die Produkte nach herkömmlicher Weise und nach bestem Wissen zubereitet, angerichtet und fotografiert worden sind. Ich möchte Ihnen die Produkte so zeigen, wie sie im Berufsalltag hergestellt werden.

Hilfreich im Alltag sollen auch die Piktogramme sein. Sie zeigen für wie viele Personen die angegebene Menge reicht, ob man etwas gut vorbereiten kann oder ob es in letzter Minuten vervollständigt werden muss. Außerdem gibt es ein Piktogramm zur Lagerung und zur Höhe des Aufwands. In Zeiten, in denen Allergien eine immer bedeutendere Rolle spielen, haben wir eine Allergenkennzeichnung beigefügt. Dabei ist darauf zu achten, dass man in der Küche nur sehr schwer sicherstellen kann, dass keine Spuren von Allergenen in den Endprodukten vorhanden sind. Zudem ist eine Änderung in der Kennzeichnung möglich, wenn statt frischer Ware Convenienceprodukte eingesetzt werden. Daher muss mit dem gesamten Thema „Allergene" stets sensibel und transparent umgegangen werden.

Die Auswahl des Geschirrs stellt einen Streifzug durch die unterschiedlichsten Materialien und Formen dar. Dank unserer Sponsoren konnten wir sowohl bei der Ware als auch beim Geschirr und den Arbeitsgeräten auf die neuesten Trends und beste Qualität eingehen. Sie werden jedoch auch Geschirr aus meinem bestehenden Fundus sehen. Denn auch in Ihrem Betrieb kann nicht immer alles Neu sein. Originelles, Bewährtes, zum Teil auch Geschirr aus Omas Küchenvitrine kommen zum Einsatz und lassen sich gut mit modernen Platten kombinieren.

Beim Anrichten der Produkte auf Platten gibt es bestimmte Regeln, die jedoch durch neue Ernährungstrends immer mehr verändert werden. War es früher undenkbar Süßes und Herzhaftes zu mischen, so isst man heute Melonenbällchen im Salat oder hochwertigen Essig zu Vanilleeis. In meinen Augen ist erlaubt, was gefällt und schmeckt. Grundsätzliche Punkte sollte man trotzdem beim Belegen der Platten beachten. So zum Beispiel, dass die Plattengröße zur Menge der Produkte passt. Achten Sie darauf, dass die Plattenränder, Schälchen und Schüsselchen sauber sind. Der Plattenrand muss freigehalten werden und die Scheiben sollten möglichst einheitlich mit gleichem Abstand aufgelegt werden. Am besten beginnt man mit dem größten Produkt, denn am Anfang hat man noch viel Spielraum auf der Platte. Kleine Scheiben lassen sich auch zum Schluss noch gut einbauen. Auf den Farbkontrast und verschiedene Legetechniken ist zu achten.

Die Garnitur der Platten und Schalen ist in den letzten Jahren etwas in den Hintergrund geraten. Es werden kaum mehr aufwendig geschnitzte Obst- und Gemüsekunstwerke auf den Platten angerichtet. Oftmals reichen ein paar frische Kräuter oder eine kleine, schnell hergestellte Blickfanggarnitur aus, um das Ganze zu vervollständigen. Dabei kann man auf eine harmonische Farbgebung oder auf Kontraste setzen. Wichtig dabei ist, dass die Garnitur essbar sein muss.

Letztlich soll das Arrangement einen appetitlichen Gesamteindruck haben. Denn das Sprichwort „Das Auge isst mit" zählt nach wie vor.

LEGETECHNIKEN

Für viele Produkte gibt es unterschiedliche Legetechniken. Welche man auswählt, hängt von der Plattengröße, von der Beschaffenheit der Ware und vom Gesamtbild der Platte ab.

Die hier dargestellten Legetechniken können nicht nur mit Lachs, sondern auch mit Schinken, Braten oder Salami angewandt werden.

1. Wenn Produktscheiben sehr groß sind oder eine nicht so schöne Schnittkante haben, kann man die Scheiben vor dem Falten einmal umschlagen. So bekommen die Scheiben zudem mehr Stand und lassen sich leichter von der Platte abnehmen. Die umgeschlagene Falttechnik kann gut als Spitze aufgelegt werden. Hierzu legt man die erste Schiebe in die Mitte und füllt dann immer links und rechts mit genauso gefalteten Scheiben auf. Das Ganze wird wiederholt bis die gewünschte Plattenfläche belegt ist.

2. Soll die Ware gut zur Geltung kommen und ist genug Platz auf einer Platte vorhanden, kann man die Scheiben quer oder längs falten. Gerade bei Aufschnittware kommt diese Legetechnik oft in Betracht. Insbesondere bei hochwertiger Ware wie Roastbeef, Schinken oder Lachs sehen die Scheiben sehr hochwertig aus, wenn sie der Länge nach gefaltet werden.

3. Schon zu Zeiten der Spargelröllchen hatten Rollen ihren großen Auftritt. Heute geht man immer mehr dazu über, die Röllchen ohne Füllung zu platzieren. Damit sie schön gleichmäßig werden, rollt man sie mit einer Legegabel die gerade Zinken hat. Beim Auflegen achtet man darauf, dass die Röllchen immer in der gleichen Richtung liegen und das Rollenende entweder immer oben oder unten ist.

4. Die doppelte Falttechnik verwendet man, wenn viel Ware auf wenig Fläche untergebracht werden muss. Diese Legetechnik ist sehr beliebt, weil sie mit vielen unterschiedlichen Produkten angewandt werden kann. Am besten wirken die doppelten Falten wenn man sie als Gruppe platziert. Die Scheiben können dazu nebeneinander oder als Spitze (siehe unten links) aufgelegt werden.

Ob heimische oder internationale Produkte, die Ware muss so aufgelegt werden, dass sie gut zur Geltung kommt und trotzdem gut von der Platte abnehmbar ist.

1 Italienische Mortadella schmeckt am besten, wenn sie dünn geschnitten ist. Deshalb sollte sie auch für die Platte entsprechend geschnitten sein. Damit die Scheiben nicht zusammenfallen und etwas Stabilität haben, schlägt man das untere Drittel der Scheibe vor dem Fächern nach hinten um. Dadurch ist die Scheibengröße reduziert und man kann mit den einmal gefächerten Scheiben beliebig große Felder auf der Platte belegen.

2 Luftgetrocknete Salami mit Naturschimmel kann hauchfein aufgeschnitten oder als etwas dickere Scheibe angerichtet werden. Die ca. fünf Millimeter dicken Scheiben lassen sich am besten fächerartig auflegen. Hierbei sollte auf den gleichmäßigen Abstand geachtet werden. Die weiße Haut bildet einen guten Farbkontrast.

3 Längliche Scheiben wie beispielsweise eine Spianata Romana kommen gut zur Geltung, wenn die Scheiben im Ganzen und flach angerichtet werden. Damit der Gast die Ware gut von der Platte nehmen kann, sollte eine Fläche mit dem gleichen Produkt belegt werden. So ist es möglich, erst die oberen Scheiben zu nehmen. Gleichmäßige Abstände der Scheiben sorgen für ein ruhiges Gesamtbild.

4 Hauchfein aufgeschnittener Rohschinken spiegelt eine gewisse Leichtigkeit wieder, wenn man ihn locker zweimal faltet und im Halbkreis platziert. Damit das Feld insgesamt einen ruhigen Gesamteindruck bekommt, achtet man beim Auflegen der zweiten Reihe darauf, dass sie in die Zwischenräume gelegt werden. So entsteht ein ruhig wirkendes Feld.

5 Wie eine Ähre können umgeklappte, doppelt gefächerte Scheiben angeordnet werden. So entsteht eine Spitze, die sich sehr gut in Plattenecken einfügt. Die relativ dünn geschnittenen Salamischeiben werden zu einem Drittel nach hinten umgefaltet und dann zweimal gefächert. So sind die Scheiben stabil und fallen nicht in sich zusammen.

6 Nicht nur nebeneinander, sondern auch in Reihen können kleine Scheiben wie beispielsweise Cabanossi, Salami oder auch Hausmacher- und Streichwurst aufgelegt werden. Hier muss bereits beim Aufschneiden der Scheiben auf die exakte Reihenfolge geachtet werden. Auch die Schnittkante sollte immer in die gleiche Richtung zeigen.

LEGETECHNIKEN

Weil die meisten Käsesorten gleiche oder sehr ähnliche Farben haben, bekommt man durch verschiedene Schnitttechniken eine gewisse Dynamik und Abwechslung auf die Platte.

❶ Runde oder ovale Käsesorten gliedert man am besten indem man die Stücke immer wieder mittig teilt. Dies tut man bis die gewünschte Portionsgröße erreicht ist. So bekommt man einigermaßen gleichmäßige Stücke, die sich gut auflegen lassen.

❷ Schnittkäsescheiben sind oftmals relativ groß. Da der Kunde von der Käseplatte möglichst viele Sorten kosten möchte, sollte man die Scheiben halbieren oder dritteln. So lassen sie sich besser auflegen und sind für den Gast auch besser abnehmbar.

❸ Gerade, wenn man Käsescheiben auflegt, die leicht brechen, sollte man auf eine glatte Legetechnik zurückgreifen. Damit man die Scheiben etwas gefälliger auflegen kann und auch auf runden Platten ein leichteres Arbeiten hat, teilt man die Scheiben schräg, sodass man eine Spitze bekommt. Diese werden dann im Fächer aufgelegt.

❹ Camembert oder Brie wird auf der Platte gerne portioniert angeboten. Quadratische oder Rechteckige Sorten kann man gut in ½ Zentimeter dicke Scheiben schneiden und diese dann in Stufen quer auflegen. So kleben sie nicht zusammen und lassen sich gut abnehmen.

❺ Um Abwechslung ins Gesamtbild zu bekommen kann Schnittkäse mit Plätzchenausstechern gut in Form gebracht werden. Damit der Geschmack des Käses sich gut entfalten kann, schneidet man ihn etwas dicker. Die etwa drei Millimeter dicken Scheiben lassen sich gut ausstechen und sehen auf Platten oder Häppchen appetitlich aus.

❻ Tete de Moin oder Mönchskopfkäse heißt die Käsespezialität aus der im Handumdrehen attraktive Käseblüten entstehen. Der Käse wird dafür mit der „Girolle“ einem Spezialgerät geschnitten und locker aufgelegt. Die Blüten sind Ware und Garnitur zugleich.

Hochwertige Produkte wie Roastbeef, Entenbrust, Filet und ähnliches müssen so aufgelegt werden, dass die Ware gut zur Geltung kommt. Dabei soll die fachgerechte Schnitttechnik nicht außer Acht gelassen werden.

1 Manche Produkte kann man verschieden auflegen. So zum Beispiel gegrilltes Roastbeef, Schweine- oder Kalbsbraten, Kasseler oder Rohschinken.Doppelt gefaltet kommen diese Produkte genauso gut zur Geltung wie gerollt. Zum Rollen der Scheiben verwendet man am besten eine Legegabel. Es ist darauf zu achten, dass die Scheiben schon beim Aufschneiden in richtiger Reihenfolge aufeinandergelegt und nachher wieder abgenommen werden. So ist die Struktur des Produktes fortlaufend.

2 In der Regel schneidet man Braten und Co. quer zur Fleischfaser auf. Insbesondere bei relativ dünn geschnittener Ware kann man die Richtung auch ändern und die Scheiben längs zur Faser schneiden. So zum Beispiel bei Hähnchen oder Entenbrust. Die langen Scheiben lassen sich gut auflegen und bringen Ruhe ins Gesamtbild der Platte.

3 Schneidet man Salami, Wurst oder Braten in etwas dickere Scheiben, sollte man diese etwas schräg schneiden. Am besten legt man die Scheiben bereits beim Aufschneiden der Reihe nach ab. So ist sichergestellt, dass sie sich auch beim Auflegen harmonisch aneinanderfügen. Es ist darauf zu achten, dass die Schnittkante immer in die gleiche Richtung zeigt.

4 Wenn genug Platz auf der Platte ist, können Scheiben von Braten, Schinken und Co. auch in langen Reihen aufgelegt werden. Das geht mit einmal gefächerten Scheiben genauso gut wie mit zweimal gefächerten. Die so entstehenden Reihen können parallel angerichtet oder an der Spitze zusammenlaufend aufgelegt werden.

DIPS, SALATE & VORSPEISEN

DIPS & CO.

Cremes und Brotaufstriche sind perfekt zum Dippen, eine delikate Grundlage für Wraps und Sandwiches, sie peppen Salate und Gegrilltes auf und schmecken köstlich zu frischem Brot oder Knabbergebäck. So sind sie vielseitig einsetzbar und kommen bei jedem Buffet sehr gut an.

ZUSAMMENSETZUNG

Auf diesen Platten sind 8 unterschiedliche Dips mit selbstgebackenem Rapunzelbrot angerichtet.

- Als Teil eines Buffets
- Können im Voraus zubereitet werden, gut abdecken
- Im Kühlhaus lagern (bei höchstens +7 °C)
- Schnell zubereitet
- Weizen, Milch, Walnüsse, Pinienkerne

DIPS & CO.

Für ca. 20 bis 25 Personen

PLATTE

Rechteckige Glasschälchen

GRUNDPRODUKTE

Paprikahummus
Gemüse-Frischkäse
Oliventapenade
Walnusspesto
Avocadocreme
Ziegenkäse-Paprika-Dip
Kräuterquark
Mango-Curry-Dip

GARNITUR

Anthurien aus Paprika
Oliven
Chiliringe
Kräuter

HERSTELLUNG PAPRIKAHUMMUS

Für etwa 500 g

2 kleine rote Paprika
300 g Kichererbsen aus der Dose
3 EL Olivenöl
Saft von 1 Zitrone
1 Knoblauchzehe
Salz
Pfeffer
gemahlener Kreuzkümmel

Paprika halbieren, putzen, waschen und mit der Hautseite nach oben auf ein mit Backpapier belegtes Blech legen. Im vorgeheizten Backofen bei 200 °C 20–30 Minuten rösten, bis die Haut leicht gebräunt ist.

Kichererbsen in einen Sieb geben, unter kaltem Wasser abspülen und gut abtropfen lassen.

Paprikaschoten aus dem Backofen nehmen, mit hitzebeständiger Frischhaltefolie oder einem nassen Küchentuch bedecken und ca. 15 Minuten ruhen lassen. Haut der Paprikaschoten abziehen. Gehäutete Paprika, Olivenöl, Kichererbsen, Zitronensaft und Knoblauch pürieren und mit Salz, Pfeffer und Kreuzkümmel abschmecken.

MEIN TIPP

Wenn es schnell gehen muss, können auch fertig geschälte Paprika aus dem Glas verwendet werden.

HERSTELLUNG GEMÜSE-FRISCHKÄSE

Für etwa 500 g

100 g fein gewürfeltes Gemüse (z. B. Karotten, Lauch, Zucchini, Paprika)
300 g Frischkäse, natur
80 g Naturjoghurt
2 EL Gemüse-Meerrettich aus dem Glas
Salz
Pfeffer
Zucker
einige Spritzer Zitronensaft

Fein gewürfeltes Gemüse blanchieren. Abschrecken und abtropfen lassen. Frischkäse mit Joghurt und Meerrettich in der Küchenmaschine oder mit dem Handmixer cremig aufschlagen. ⅔ der Gemüsewürfel unterheben und mit den Gewürzen und dem Zitronensaft abschmecken. Frischkäse im Gläschen anrichten und mit den restlichen Gemüsewürfeln garnieren.

HERSTELLUNG OLIVEN-TAPENADE

Für etwa 500 g

400 g schwarze Oliven, ohne Stein
3 EL Kapern
1 kleine rote Chilischote
getrockneter Oregano
Pfeffer
einige Spritzer Zitronensaft
ca. 80 ml Olivenöl

Oliven stückeln. Kapern abspülen und abtropfen lassen. Chilischote halbieren, Stielansatz sowie Kerne entfernen und das Fruchtfleisch grob würfeln. Alles in den Blitzhacker geben und mit Oregano und Pfeffer würzen. Mit Zitronensaft abschmecken. Fein pürieren und so viel Olivenöl zugeben, bis eine streichfähige Masse entsteht.

MEIN TIPP

Die Tapenade hält sich im Vakuumbeutel oder im verschlossenen Glas gekühlt mindestens eine Woche.

HERSTELLUNG WALNUSSPESTO

Für etwa 500 g

50 g getrocknete Tomaten
100 g Parmesan
250 g Walnusskerne, grob gehackt
3 Knoblauchzehen
ca. 100 ml Olivenöl
Salz
Pfeffer

Getrocknete Tomaten und Parmesan grob zerkleinern. Walnusskerne in den Blitzhacker geben und zerkleinern. Tomaten, Parmesan und Knoblauch dazugeben und alles zerkleinern. Olivenöl dazugeben und zu einer sämigen Masse mixen. Mit Salz und Pfeffer abschmecken.

HERSTELLUNG AVOCADOCREME

2 - 3 Avocados (gut 400 g Fruchtfleisch)
Saft von 2 Limetten
3 Schalotten
2 Knoblauchzehen
50 EL Olivenöl
Salz
Pfeffer

Avocados halbieren, und den Kern entnehmen. Fruchtfleisch mit Limettensaft beträufeln.

Schalotten und Knoblauch würfeln und im Blitzhacker sehr fein zerkleinern. Avocadofruchtfleisch dazugeben und alles fein pürieren. Olivenöl einfließen lassen und unterrühren. Mit Salz und Pfeffer abschmecken.

HERSTELLUNG ZIEGENKÄSE-PAPRIKA-DIP

Für etwa 500 g

1 Paprikaschote, orange
200 g Ziegenfrischkäse
200 g Frischkäse
2 Knoblauchzehen
optional: etwas Naturjoghurt

Paprika würfeln und mit den beiden Frischkäsesorten und Knoblauch im Blitzhacker vermischen. Je nach gewünschter Konsistenz noch etwas Naturjoghurt hinzugeben.

MEIN TIPP

Wer es etwas schärfer mag, kann auch noch Chili hinzufügen.

Alternativ kann eine fertige Frischkäsezubereitung gekauft werden (Bezugsquellen siehe S. 256).

Für ca. 20 bis 25 Personen

HERSTELLUNG KRÄUTERQUARK

Für etwa 500 g

250 g Sahnequark
100 g Frischkäse, natur
2 EL Kräuter (Petersilie, Schnittlauch, Dill, Basilikum)
100 ml Sahne
einige Spritzer Zitronensaft
Kräutersalz
Pfeffer
Zucker

Quark mit Frischkäse cremig aufschlagen. Sehr fein gehackte Kräuter dazugeben. Sahne schlagen und unterheben. Mit Zitronensaft, Kräutersalz, Pfeffer und einer Prise Zucker abschmecken.

MEIN TIPP

Diese Grundmasse kann mit Räucherfisch oder mit Speckwürfeln abgewandelt werden.

Alternativ kann eine fertige Kräuterfrischkäsezubereitung gekauft werden (Bezugsquellen siehe S. 256).

HERSTELLUNG MANGO-CURRY-DIP

Für etwa 500 g

3 EL Mangochutney
400 g Frischkäse, natur
2 EL Currypulver
Salz
Pfeffer
Zucker
einige Spritzer Limettensaft

Mangochutney im Blitzhacker fein pürieren. Frischkäse aufschlagen und mit Mangopüree und Currypulver mischen. Mit Salz, Pfeffer, Zucker und Limettensaft abschmecken.

HERSTELLUNG RAPUNZELBROT

(Stepbilder siehe Seite 203)

½ TL Zucker
375 ml lauwarme Milch (2 EL zum einpinseln aufheben)
375 ml lauwarmes Wasser
2 Päckchen Trockenhefe
½ TL Salz
875 g Mehl
2 EL Olivenöl
2 EL rotes Pesto
2 EL grünes Pesto

Zucker, Milch, Wasser und Trockenhefe so lange verrühren, bis sich die Hefe aufgelöst hat. Beiseite stellen und 10 Minuten ziehen lassen.

Salz und Mehl vermengen, mit dem Olivenöl und der Hefemischung zu einem geschmeidigen Teig verkneten. Die Teigmasse zu drei gleich großen Kugeln formen. Eine Kugel bleibt Natur, in die zweite wird das rote Pesto eingeknetet und in die dritte das grüne. Die drei Teigkugeln zugedeckt ca. eine Stunde gehen lassen.

Die Teige noch einmal gründlich durchkneten und jede Kugel zu einem Strang formen. Teigstränge zu einem Zopf flechten. Backblech mit Backpapier legen. Den Zopf drauflegen und mit Milch einpinseln. Zopf nochmals mindestens 30 Minuten gehen lassen. In der Zwischenzeit den Backofen auf 190 °C vorheizen. Brot im vorgeheizten Backofen 25 Minuten backen. Um zu testen, ob das Weißbrot fertig gebacken ist, mit einem Löffel dagegen klopfen – wenn es hohl klingt, ist das Brot fertig.

MEIN TIPP

Wenn es schnell gehen soll, kann man auch eine Backmischung für Weißbrot verwenden.

AUSGARNIEREN DES ARRANGEMENTS

Die Dips in verschieden große Glasschalen füllen und farblich abwechselnd auf weißen Platten arrangieren.

Punktuell, geschmacklich passend, garnieren.

Das Rapunzelbrot in Scheiben schneiden und auf der Platte anrichten.

HERSTELLUNG EINER ANTHURIE AUS PAPRIKA

1. Für eine Anthurie benötigt man eine rote Paprikaschote, Maiskölbchen aus dem Glas, Zahnstocher und ein spitzes Gemüsemesser. Die Paprikaschote nimmt man so in die Hand, dass eine Einkerbung in der Mitte ist. Von der Kerbe an schneidet man ein Herz aus.

2. Das ausgeschnittene Herz wird um 190 °C gedreht. Ist die Form nicht gleichmäßig, kann sie nachgeschnitten werden. Vom Maiskölbchen die Spitze schräg abschneiden.

3. Ein Zahnstocher zu einem Drittel von unten durch die Paprikablüte schieben. Die Spitze des Maiskölbchens aufstecken. Mit der unteren Seite des Zahnstochers kann die Blüte auf der Platte fixiert werden. Mit frischen Kräutern wie Schnittlauch und Petersilie garnieren.

1

2

3

BROTAUFSTRICHE

Pur oder zu Brot, Brötchen oder Crackern – Cremes, Relish oder Marmeladen lassen sich individuell herstellen und gut vorbereiten. Da die aufgeführten Aufstriche alle vegetarisch und zum Teil sogar vegan sind, ist hier für jeden etwas dabei.

ZUSAMMENSETZUNG

Auf diesem Arrangement sind 4 verschiedene Brotaufstriche zusammengestellt. Dazu gibt es Grissini, Gemüsechips und Cracker.

- Teil eines Buffets
- Dips können zum Teil gut vorbereitet werden
- Im Kühlhaus lagern (bei höchstens +7 °C)
- Braucht etwas Zeit
- Weizen, Mandeln, Walnüsse, Milch

BROTAUFSTRICHE

Für ca. 8 Personen

PLATTE

Serviertablett aus Walnussholz, lebensmittelecht und versiegelt, 44,5 x 30 cm

Brücke aus Walnussholz, lebensmittelecht und versiegelt, 54 x 17 x 16 cm

Schälchen aus Walnussholz, lebensmittelecht und versiegelt, Ø 13 cm

Untersetzer/Teller aus Walnussholz, lebensmittelecht und versiegelt, Ø 23,1 cm

Ovale Brotschale aus Walnussholz, lebensmittelecht und versiegelt, 24,5 x 12 x 5 cm

Weiße Porzelanschüssel, Ø 12 cm

Silberne Mini-Snackbecher Ø 8,5 cm, H: 8,5 cm, 0,3 l

GRUNDPRODUKTE

Mini-Grissini natur und mit Kräutern (Fertigprodukt)
Gemüsechips (Fertigprodukt)
Cracker natur und mit Rosmarin (Fertigprodukt)
Grissini natur (Fertigprodukt)
Avocadodip
Vegane Gemüsecreme
Veganes Rucolapesto
Paprika-Frischkäse

HERSTELLUNG AVOCADODIP

Für etwa 500 g

4 EL Kürbiskerne
3–4 reife Avocados (gut 400 g Fruchtfleisch)
4 EL Zitronensaft
4 EL Kürbiskernöl
Salz
Pfeffer

Kürbiskerne in einer trockenen Pfanne rösten. Herausnehmen und abkühlen lassen. Etwa die Hälfte davon fein hacken. Avocados schälen und vom Kern befreien. Fruchtfleisch würfeln und sofort mit Zitronensaft beträufeln. Avocado, Kürbiskerne und Kürbiskernöl vorsichtig mischen. Mit Salz und Pfeffer abschmecken.

HERSTELLUNG VEGANE GEMÜSECREME

Für etwa 500 g

100 g Zwiebeln
100 g getrocknete Tomaten
200 g rote Paprika, gegrillt
100 g Tomaten, gehackt (aus der Dose)
Salz
Pfeffer
etwas Knoblauch

Zwiebeln fein hacken. Getrocknete Tomaten würfeln. Gegrillte Paprika, Tomaten und Zwiebeln in den Blitzhacker geben und zu einer feinen Masse verarbeiten.

Mit Salz, Pfeffer und Knoblauch kräftig abschmecken.

HERSTELLUNG RUCOLA-PESTO

Für etwa 500 g

75 g Mandeln
75 g Walnüsse
150 g Rucola
1 EL Zitronensaft
1 EL weißen Balsamico
ca. 150 ml Olivenöl
Pfeffer
optional: etwas geriebenen Parmesan

Nüsse in einer trockenen Pfanne rösten. Herausnehmen und abkühlen lassen.

Nüsse im Blitzhacker fein hacken. Rucola, Zitronensaft und Balsamico dazugeben und bis zur gewünschten Konsistenz zerkleinern. Nach und nach Olivenöl dazugeben. Mit Pfeffer abschmecken. Wenn gewünscht kann zusätzlich Parmesan untergehoben werden.

HERSTELLUNG ZIEGENKÄSE-PAPRIKA-DIP

Für etwa 500 g

1 Paprikaschote, orange
200 g Ziegen-Frischkäse
200 g Frischkäse
2 Knoblauchzehen
optional: etwas Naturjoghurt

Paprika würfeln und mit den beiden Frischkäsesorten und Knoblauch im Blitzhacker vermischen. Je nach gewünschter Konsistenz noch etwas Naturjoghurt hinzugeben.

MEIN TIPP

Wer es etwas schärfer mag, kann auch noch Chili hinzufügen.

Alternativ kann eine fertige Frischkäsezubereitung gekauft werden (Bezugsquellen siehe S. 256).

BUNTE SALATPLATTE

Ob zur Vorspeise oder als Beilage zum Hauptgerich, ein Salat ist eine erfrischende Ergänzung eines jeden Menüs oder Buffets. Schön angerichtet sind Salate noch dazu ein absoluter Hingucker fürs Auge.

ZUSAMMENSETZUNG

Die Salatplatte ist aus 10 verschiedenen Salat- und Gemüsesorten zusammengestellt:
Lollo bianco, Strauchtomaten, Lollo rosso, Radieschen, gelbe Cocktailtomaten, Friséesalat, Karotten, Brokkoli, Roter Radicchio, Rettich.

- Als Beilage für ca. 8 bis 10 Personen
- Sollte frisch zubereitet werden
- Im Kühlhaus lagern (bei höchstens +7 °C)
- Saisonbedingt

BUNTE SALATPLATTE

Für ca. 8 bis 10 Personen

PLATTE

Mundgeblasene Glasschale, Klarglas, Ø ca. 40 cm

GRUNDPRODUKTE

1 kleiner Kopf Lollo bianco
1 kleiner Kopf Lollo rosso
½ Kopf Friséesalat
8 Strauchtomaten
2 Bund Radieschen
400 g gelbe Cocktailtomaten
400 g Karotten
400 g Brokkoli
1 Staude Roter Radicchio
½ Rettich

GARNITUR

Callablüten aus Fenchel
Rettichlocken (Anleitung siehe Seite 175)
frische Kräutersträußchen

HERSTELLUNG PLATTE

Wenn die Schale relativ tief ist, wie in diesem Fall, einen 1 bis 3 cm hohen Spiegel aus Aspik oder Gelatine gießen. Zubereitung des Aspiks oder der Gelatine nach Packungsanweisung. Den Spiegel mit der warmen Flüssigkeit gießen, dann auskühlen lassen.

Vor dem Anrichten die Salate so sortieren, dass die Farben variieren. In der Mitte der Platte ein wenig Platz für die spätere Garnitur lassen.

Blattsalate waschen, putzen und in mundgerechte Stücke zupfen. Tomaten in Scheiben schneiden. Radieschen halbieren und in Scheiben schneiden. Cocktailtomaten halbieren. Karotten schälen, ca. 10 Minuten in kochendem Salzwasser garen und anschließend gut auskühlen lassen. Mit dem Bundmesser in schräge Scheiben schneiden. Brokkoli in kleine Röschen teilen, blanchieren und ebenfalls auskühlen lassen. Rettich zu Locken schneiden (Anleitung siehe Seite 175).

Als ersten Schritt den hellen Salat in Form eines Tortenstücks auflegen. Daneben die Tomaten arrangieren. Den Lollo rosso daneben legen. Ein Tortenstück mit geschnittenen Radieschenscheiben füllen. Die halbierten Tomaten daneben anrichten. Mit dem Friséesalat aufschließen. Daneben die Karotten platzieren und mit Brokkoliröschen vervollständigen.

Den Mittelpunkt der Platte bilden 3 Callablüten (Anleitung siehe Seite 29), die mit roten Chicoréeblättern und den Rettichlocken kombiniert werden.

Frische Kräutersträußchen vervollständigen die Platte.

HERSTELLUNG CALLABLÜTE

Zur Herstellung einer Callablüte benötigt man eine Fenchelknolle, Maiskölbchen aus dem Glas, Zahnstocher und ein spitzes Garniermesser.

1. Um die einzelnen Blätter des Fenchels voneinander zu trennen, schneidet man den Strunk so weit ab, dass sich die Blätter lösen. Um die Blätter nicht zu beschädigen und sie in ihrer Form zu behalten, wiederholt man den Vorgang bei jedem einzelnen Blatt.

2. Zum Ausschneiden der Blütenform, wird am Grün festgehalten und mit einem scharfen Messer die Blütenform einer Calla ausgeschnitten.

3. Den Blütenmittelpunkt bildet ein schräg angeschnittenes Maiskölbchen, das mit Hilfe eines Zahnstochers fixiert wird.

1

2

3

PASTASALAT MIT PESTO UND CHIPS

Nudelsalate waren vor allem in den 1950er, bis weit in die 1970er in Deutschland überaus beliebt und durften bei keinem kalten Buffet fehlen. Bis heute sind Nudelsalate gefragt. Verändert haben sich lediglich die Rezepturen. Anstelle der üppigen Mayonnaisedressings verwendet man heute leichtere Vinaigretten oder Pesto. Der hier gezeigte Salat lässt sich leicht in ein veganes Gericht umwandeln.

ZUSAMMENSETZUNG

Dieser Salat ist eine Kombination aus Hartweizengriesnudeln, fleischigen Oliven und sonnengetrockneten Tomaten.

- Als alleinige Vorspeise für ca. 6 Personen (man rechnet ca. 250 g pro Person)
- Kann zum Teil vorbereitet werden. Rucola und Chips erst kurz vor dem Servieren dazugeben.
- Schmeckt am besten bei Zimmertemperatur
- Günstig
- Das Rezept wird vegan, wenn man die Chips weglässt
- Weizen, Milch, Pinienkerne

PASTASALAT MIT PESTO UND CHIPS

Für ca. 6 Personen

PLATTE

Weiße Keramikplatte

GRUNDPRODUKTE

200 g Pesto (selbstgemacht oder gekauft)
500 g Penne aus Hartweizengries (ohne Ei)
250 g getrocknete Tomaten
250 g schwarze Oliven
1 Bund Rucola
Salz
Pfeffer

GARNITUR

Parmesanchips
Prosciuttochips

HERSTELLUNG PESTO

Für etwa 1 kg

150 g Pinienkerne
2 Knoblauchzehen
3 Bund Basilikum
1 TL Meersalz
600 ml Olivenöl
150 g Parmesan

Pinienkerne in einer Pfanne ohne Fett goldbraun rösten und anschließend abkühlen lassen. Knoblauch pellen und grob hacken. Basilikumblätter abzupfen. Basilikum, Salz und Knoblauch in einen Blitzhacker geben und fein zerkleinern. Olivenöl nach und nach zugießen und die Masse gut durchmixen. Abgekühlte Pinienkerne zugeben und fein zerkleinern. Parmesan fein reiben und unterrühren, nicht mehr mixen.

Zum Aufbewahren das Pesto in saubere Gläser füllen, die Oberfläche mit Olivenöl bedecken und fest verschlossen ins Kühlhaus stellen. Es hält sich so mindestens vier Tage.

HERSTELLUNG PARMESANCHIPS

200 g Parmesan

Ofen auf 150 °C bei trockener Hitze vorheizen. Parmesan fein reiben. Backblech mit Backpapier auslegen und portionsweise mit etwas Abstand kleine Häufchen geriebenen Käse darauf geben. Blech in den Ofen schieben. Etwa 12–15 Minuten backen, bis die Häufchen zu hellbraunen Talern gebacken sind, anschließend abkühlen lassen.

Gut verschlossen halten sich die Taler mindestens 10 Tage.

MEIN TIPP

Es gibt auch veganen Parmesan im Handel.

HERSTELLUNG PROSCIUTTOCHIPS

Olivenöl
Parmaschinken

Olivenöl in einer Pfanne erhitzen und Parmaschinken darin zu röschen Chips braten. Auf Küchenkrepp abkühlen lassen.

HERSTELLUNG SALATPLATTE

Nudeln in Gemüsebrühe oder Salzwasser bissfest garen. Abschrecken und auskühlen lassen. Pesto zubereiten und zu den Nudeln geben. Mischen und durchziehen lassen. Sonnengetrocknete Tomaten fein schneiden und mit den Oliven zu den Nudeln geben. Kurz vor dem Servieren den gewaschenen Rucola unter die Nudelmischung heben und alles mit Salz und Pfeffer abschmecken.

AUSGARNIEREN

Den Salat auf einer tiefen Platte anrichten. Parmesan und Prosciuttochips dekorativ darauf platzieren.

MEDITERRANER GEMÜSESALAT

Spezialitäten der mediterranen Küche haben ein Aroma das nach Sonne und Urlaub schmeckt. Außerdem gibt es gewisse Basic-Zutaten, die die Küche der verschiedenen Mittelmeerländer miteinander verbindet wie Olivenöl, Knoblauch und frisches Gemüse.

ZUSAMMENSETZUNG

Dieser Salat ist eine Kombination aus frischen Gemüsesorten, fleischigen Oliven, knackigem Friséesalat und kleinen Mozzarellakugeln.

- Als alleinige Vorspeise für ca. 8 Personen (man rechnet ca. 250 g pro Person)
- Kann gut vorbereitet werden. Friséesalat erst kurz vor dem Servieren dazugeben.
- Schmeckt bei Zimmertemperatur am besten
- Günstig, braucht etwas Zeit
- Milch

MEDITERRANER GEMÜSESALAT

Für ca. 8 Personen

PLATTE

Weiße, ovale Keramikplatte, 40 x 15 cm

GRUNDPRODUKTE

Je 200 g Paprika (rot, grün, gelb)
200 g Austernpilze
200 g Karotten
200 g Zucchini
200 g Oliven, schwarz
200 g Oliven, grün
200 g Mozzarellakugeln
100 g getrocknete Tomaten
Öl zum anbraten

GARNITUR

Friséesalat

PRODUKTE DRESSING

2 Zitronen
10 EL Olivenöl
3 EL weißer Balsamico
3 EL Honig
1 EL gehackte Kräuter (z. B. Basilikum, Petersilie)
etwas Knoblauchgranulat
¼ Liter Gemüsebrühe (ohne Sellerie)
Salz
Pfeffer

HERSTELLUNG SALAT

Das Gemüse waschen, putzen und mundgerecht schneiden. Getrocknete Tomaten in sehr feine Würfel schneiden.

Öl in einer großen Pfanne erhitzen und das Gemüse portionsweise, je nach Festigkeit, darin bissfest garen. Herausnehmen und abkühlen lassen. Gemüse mit Oliven, getrockneten Tomaten und Mozzarellakugeln mischen.

HERSTELLUNG DRESSING

Für das Dressing die Zitronen auspressen und den Saft mit dem Olivenöl im Mixer aufschlagen. Übrige Zutaten dazugeben und abschmecken.

Dressing über den Salat geben. Mindestens 2 Stunden durchziehen lassen.

AUSGARNIEREN

Friséesalat putzen und in mundgerechte Stücke zerpflücken. Diesen anschließend auf einer Platte verteilen und den Gemüsesalat darauf anrichten.

MEIN TIPP

Um eine schöne Optik zu bekommen, sollte man das Gemüse unterschiedlich schneiden. Paprika beispielsweise als Dreiecke oder Rauten. Karotten und Zucchini am besten mit einem Bundmesser schneiden.

SCHNEIDEN MIT DEM BUNDMESSER

❶ Um Gemüse etwas interessanter zu schneiden, kann man es mit dem Bundschneider oder dem Bundschneidemesser schneiden. Gut geeignet sind alle festen Gemüsesorten wie beispielsweise Karotten, Gurken, Rote Bete, Kartoffeln, Zucchini und Rettich.

❷ Die meisten Gemüsesorten sollten vor dem Schneiden geschält werden. Bei Gurken oder rotem und schwarzem Rettich kommt der Schnitt besser zur Geltung wenn die Schale dran bleibt.

❸ Das Gemüse kann schräg, der Länge nach, quer oder auch zu Stiften geschnitten werden. Auch geviertelte Stifte kommen optisch gut zur Geltung.

❶

❷

❸

SALAT AUS ARTISCHOCKENHERZEN

Sie zergehen auf der Zunge, schmecken aromatisch und leicht herb. Gekocht, frittiert, gebraten oder zum Dip, lassen sich Artischocken vielseitig in der Küche einsetzen. Hier sind sie mit anderen Gemüsesorten zu einem Salat vereint.

ZUSAMMENSETZUNG

Dieser Salat setzt sich aus verschiedenen Gemüsearten zusammen:
Gegrillte Artischockenherzen, Pfefferonen, schwarze Oliven, Cocktail-Grilltomaten, gegrillte Mini-Auberginen, rote Zwiebeln und viele frische Kräuter.

- Als alleinige Vorspeise für ca. 4 Personen (man rechnet ca. 250 g pro Person)
- Kann maximal einen Tag vor Auslieferung zubereitet werden, gut abdecken
- Im Kühlhaus lagern (bei höchstens +7 °C). Vor dem Servieren auf Zimmertemperatur bringen.
- Etwas aufwändig, wenn mit frischen Artischocken gearbeitet wird
- Vegan

SALAT AUS ARTISCHOCKENHERZEN

Für ca. 4 Personen

PLATTE

Platte in antiker Silberoptik mit Rand

GRUNDPRODUKTE

8 kleine Artischocken
4 EL Zitronensaft
3 EL Olivenöl
200 g Mini-Auberginen
200 g milde Pfefferonen (aus dem Glas)
200 g Cocktailtomaten
2 rote Zwiebeln
150 g schwarze Oliven (in Scheiben)

GARNITUR

heller Eichblattsalat
(wenn der Artischockensalat am Tag vor dem Verzehr zubereitet wird, sollte man den Eichblattsalat weglassen)

DRESSING

2 Knoblauchzehen
10 EL Weißweinessig
5 TL Meerrettich (aus dem Glas)
10 EL Olivenöl
2 EL gehackte Kräuter (Basilikum, Rosmarin, Schnittlauch, Petersilie)
Salz
Pfeffer
1 TL Zucker

HERSTELLUNG SALAT AUS ARTISCHOCKENHERZEN

Artischocken kalt abspülen. Stiel abbrechen, am besten geht das über einer Tischkante. Durch das Abbrechen lösen sich die harten, ungenießbaren Fasern vom unteren Teil der Artischocke – beim Abschneiden des Stiels würden diese erhalten bleiben. (Löst sich das Heu beim abbrechen des Stils nicht, die ungenießbaren Teile nach dem Kochen mit einem Teelöffel oder einem Messer aus den halbierten Artischocken herausschaben.)

Die äußeren Blätter und die Spitze der Artischocken mit einem Messer oder einer Schere abschneiden. Nur ganz junge und zarte Artischocken können auch am Stück samt Stiel und Außenblättern verzehrt werden. Alle Schnittstellen zügig mit Zitronensaft beträufeln, da sie sich sonst verfärben. Restlichen Zitronensaft in gesalzenes Kochwasser geben. Gar sind die Artischocken nach etwa 30 bis 45 Minuten. Artischocken abkühlen lassen, anschließend halbieren oder vierteln. In der Grillpfanne mit etwas Olivenöl anbraten.

Mini-Auberginen halbieren, Pfefferonen abtropfen lassen und Cocktailtomaten halbieren. Alles kurz anbraten. Zwiebeln halbieren und in Ringe schneiden. Oliven abtropfen lassen.

HERSTELLUNG DRESSING

Knoblauchzehen in eine kleine Schüssel pressen. Mit Weißweinessig, etwas Wasser, Meerrettich und Olivenöl aufschlagen. Kräuter dazugeben. Mit Salz, Pfeffer und Zucker abschmecken.

AUSGARNIEREN

Hellen Eichblattsalat auf einer Platte verteilen. Alle Produkte darauf dekorativ anrichten. Mit dem Dressing marinieren und mindestens eine Stunde durchziehen lassen.

GEFÜLLTE EIERHÄLFTEN

Für ca. 8 Personen

PLATTE

Rechteckige Platte und Löffelbank aus Walnussholz, lebensmittelecht und versiegelt

Partylöffel aus Edelstahl, 4,3 mm stark, 21 cm lang

GRUNDPRODUKTE

8 Eierhälften
Eiercreme

GARNITUR

Chiliröllchen, getrocknet
Kapern
Schwarzer Kaviar

HERSTELLUNG FÜR 8 EIERHÄLFTEN

4 Eier (Freiland oder Bio)
50 g Mayonnaise
50 g Crème fraîche
1 TL Senf
1 Msp. Paprikapulver, rosenscharf
1 TL Zitronensaft
Salz
Pfeffer

Eier hart kochen, abschrecken und pellen. Diese anschließend halbieren, Dotter herausnehmen und durch ein feines Haarsieb in eine Schüssel streichen.

Eigelb mit Mayonnaise, Crème fraîche, Senf, Paprikapulver und Zitronensaft verrühren. Mit Salz und Pfeffer abschmecken.

Eiermasse in einen Spritzbeutel mit großer Sterntülle geben und in die Eierhälften spritzen.

AUSGARNIEREN

Eierhälften auf die Löffel setzen und abwechselnd mit Chiliröllchen und Kapern oder schwarzem Kaviar garnieren.

MEIN TIPP

Für den sicheren Transport können die Eierhälften (oder andere wackelige Produkte wie z.B. Melonenschiffchen) mit einem Tropfen Aspik „befestigt" werden. Das Aspik ist erst flüssig, wird aber in der Kühlung fest. Es ist geschmacksneutral und fast unsichtbar.

GEFÜLLTE EIERHÄLFTEN

Feiern wie früher! Nicht nur bei der Retroparty kommen gefüllte Eierhälften gut an. Die Klassiker aus den 70ern gehören neben dem Käse-Igel, den Spargelröllchen und den gefüllten Tomaten nach wie vor zu den appetitlichen Startern einer jeden Party. Sie erstrahlen, modern in Szene gesetzt, in neuem Glanz.

ZUSAMMENSETZUNG

Auf dieser Platte sind 8 gefüllte Eierhälften arrangiert.

- Als Teil einer Vorspeise für ca. 8 Personen
- Die Eiercreme kann einen Tag im Voraus zubereitet werden, sollte jedoch erst kurz vor dem Servieren angerichtet werden, da sie schnell antrocknet.
- Im Kühlhaus lagern (bei höchstens +7 °C)
- Einfache Herstellung, günstig
- Milch, Ei, Senf, Fisch

GRÜNKERNSALAT MIT PAPRIKAHUMMUS UND AVOCADOCREME

So lecker – so vegan! Vegane Rezepte schmecken nicht nur Veganern, sondern auch all jenen, die öfter mal auf tierische Produkte verzichten wollen oder einfach nur eine leckere Abwechslung mögen.

ZUSAMMENSETZUNG

In diesen Gläschen ist Paprikahummus mit Grünkernsalat und Avocadocreme geschichtet.

- Als Teil eines Vorspeisenbuffets für ca. 6 Personen (man rechnet ca. 125 g pro Person)
- Die einzelnen Komponenten können 1 bis 2 Tage vor der Auslieferung zubereitet werden. Einfüllen jedoch am besten am Tag des Verzehrs.
- Im Kühlhaus lagern (bei höchstens +7 °C)
- Preisgünstig – braucht etwas Zeit
- Vegan
- Grünkern

GRÜNKERNSALAT MIT PAPRIKAHUMMUS UND AVOCADOCREME

Für ca. 6 Personen

PLATTE

Mini-Gläschen auf einer Holzplatte

GRUNDPRODUKTE

Paprikahummus
Grünkernsalat
Avocadocreme (selbstgemacht oder Fertigprodukt)

HERSTELLUNG PAPRIKAHUMMUS

Für etwa 500 g

2 kleine rote Paprika
300 g Kichererbsen (aus der Dose)
3 EL Olivenöl
Saft von 1 Zitrone
1 Knoblauchzehe
Salz
Pfeffer
gemahlener Kreuzkümmel

Paprika halbieren, putzen, waschen und mit der Hautseite nach oben auf ein mit Backpapier belegtes Blech legen. Im vorgeheizten Backofen bei 200 °C ca. 20–30 Minuten rösten, bis die Haut leicht gebräunt ist. Kichererbsen in einen Sieb geben, unter kaltem Wasser abspülen und gut abtropfen lassen. Paprikaschoten aus dem Backofen nehmen, mit einer hitzebeständigen Frischhaltefolie oder einem nassen Küchentuch bedecken, ca. 15 Minuten ruhen lassen und anschließend die Haut abziehen. Gehäutete Paprika, Olivenöl, Kichererbsen, Zitronensaft und Knoblauch pürieren und mit Salz, Pfeffer und Kreuzkümmel abschmecken.

HERSTELLUNG GRÜNKERNSALAT

250 g Grünkern (mit kaltem Wasser bedecken und über Nacht einweichen)
50 g schwarze Linsen
50 g rote Linsen
100 g Paprika, rot
100 g Paprika, grün
5 EL Olivenöl
Saft von 1 Zitrone
etwas Knoblauch
etwas Chili
Salz
Pfeffer

Grünkern und Linsen abseihen. Getrennt voneinander bissfest garen. (Grünkern ca. 30 Minuten, Linsen ca. 25 Minuten – Packungsangabe beachten) Paprika sehr fein würfeln. Aus Olivenöl, Zitronensaft, Knoblauch und Chili ein sämiges Dressing zubereiten und mit Salz und Pfeffer abschmecken. Gekochten Grünkern, Linsen und Paprikawürfel mischen. Dressing dazugeben und mindestens eine Stunde durchziehen lassen.

HERSTELLUNG AVOCADOCREME

Für etwa 500 g

2–3 Avocados (gut 400 g Fruchtfleisch)
Saft von 2 Limetten
3 Schalotten
2 Knoblauchzehen
50 EL Olivenöl
Salz
Pfeffer

Avocados halbieren und den Kern entnehmen. Fruchtfleisch mit Limettensaft beträufeln. Schalotten und Knoblauch würfeln und im Blitzhacker sehr fein zerkleinern. Avocadofruchtfleisch dazugeben und alles fein pürieren. Olivenöl einfließen lassen und unterrühren. Mit Salz und Pfeffer abschmecken.

AUSGARNIEREN

Paprikahummus und Avocadocreme jeweils in einen Spritzbeutel mit glatter Lochtülle geben. Etwa ein Viertel des Gläschens mit Paprikahummus füllen. Grünkernsalat darauf verteilen. Anschließend eine etwa 2 Esslöffel große Menge Avocadocreme aufspritzen. Restlichen Grünkernsalat darauf verteilen.

GEMÜSETATAR

Für ca. 9 Personen

PLATTE

Weiße Platte, auf Fuß

GRUNDPRODUKTE

1 kg Brokkoli
Kerne von 3 Granatäpfeln
2 Schalotten
500 g Ziegenfrischkäse
Salz
Pfeffer

GARNITUR

vorgegarte Rote Bete (vakuumverpackt)
Frischkäse, natur oder Ziegenfrischkäse
schwarzes Salz
Granatapfelkerne

SONSTIGES

Dessertring (ca. 6 cm Ø, ca. 5 cm hoch)

HERSTELLUNG

Brokkoli putzen, waschen und in Röschen schneiden. Stiel in Stücke schneiden. Zuerst die Stilstücke in kochendem Salzwasser ca. 5 Minuten kochen. Röschen zufügen, weitere 4–5 Minuten kochen. In ein Sieb gießen, kurz unter kaltem Wasser abschrecken, abtropfen und auskühlen lassen. (Wenn es schnell gehen muss, kann auch TK Brokkoli verwendet werden.)

Granatäpfel halbieren, Kerne herausklopfen (Anleitung siehe Seite 231). Ca. 1 EL Kerne zum Garnieren Beiseite stellen. Schalotten schälen und fein würfeln.

Ziegenfrischkäse im Mixer cremig aufschlagen. Brokkoli fein hacken, mit Ziegenfrischkäse und Schalotten mischen. Granatapfelkerne unterheben. Mit Salz und Pfeffer abschmecken.

HERSTELLUNG GARNITUR

Pro Törtchen eine Rote-Bete-Scheibe mit dem Dessertring ausstechen und auf Küchenkrepp abtropfen lassen. Den Dessertring auf eine Rote-Bete-Scheibe stellen und mit Brokkolitatar füllen. Leicht andrücken, dann den Ring vorsichtig hochziehen. Ebenso weitere Türmchen auf die anderen Rote-Bete-Scheiben setzen.

AUSGARNIEREN

Natur-Frischkäse in einen Spritzbeutel mit Sterntülle füllen und auf jedes Tatartürmchen eine Rosette spritzen.

Mit Granatapfelkernen und schwarzem Salz garnieren.

Die Türmchen mit Hilfe einer Palette auf die Platte setzen.

GEMÜSETATAR

Die Stichworte „Tatar" und „vegetarisch" passen im ersten Moment nicht wirklich zusammen. Ein Tatar, was im Prinzip nichts anderes bedeutet, als dass man etwas Rohes fein hackt oder schneidet, kennt man meistens nur vom Rind, Kalb oder vom Lachs. Dabei sind viele Gemüsesorten geradezu perfekt geeignet, um ein vegetarisches Tatar herzustellen. Durch die Zugabe von Nüssen oder Granatapfelkernen bekommt das Ganze eine knackige Textur.

ZUSAMMENSETZUNG

Dieses Tatar ist eine Kombination aus Brokkoli, Granatapfelkernen und Ziegenfrischkäse.

- Als alleinige Vorspeise für ca. 9 Personen
- Sollte möglichst frisch zubereitet werden
- Im Kühlhaus lagern (bei höchstens +7 °C)
- Einfach, günstig
- Vegetarisch
- Milch

GEMÜSE-ANTIPASTI

Auf Italienisch bedeutet Antipasto „vor der Mahlzeit" – also so viel wie „Vorspeise". Zu den klassischen Antipasti gehören mariniertes Gemüse wie Zucchini, Auberginen oder Pilze sowie Parmaschinken mit Melone oder auch Bruschetta. Auf dieser Platte sind unterschiedliche Gemüsearten arrangiert. Die Vielfalt entsteht durch einen Mix aus „selbstgemacht" und Convenience.

ZUSAMMENSETZUNG

Diese Platte setzt sich aus 13 Gemüsespezialitäten zusammen: Peperoni, Mini-Auberginen, Zucchini, Auberginenröllchen, halbgetrocknete Tomaten, grüne Oliven, gefüllte Weinblätter, gefüllte Kirschpaprika, Mini-Fenchel, Karotten, schwarze Oliven, Perlzwiebeln und Champignons.

- Als alleinige Vorspeise für 9 bis 10 Personen (man rechnet ca. 250 g pro Person)
- Kann maximal einen Tag vor Auslieferung angerichtet werden, gut abdecken
- Im Kühlhaus lagern (bei höchstens +7 °C)
- „Selbstgemachtes" kann gut vorbereitet werden
  Vielfalt durch Convenience
- Milch

GEMÜSE-ANTIPASTI

Für ca. 9 bis 10 Personen

PLATTE

Rechteckige Glasschale, strukturiert

Damit die Marinade aufgefangen werden kann, sollte man für Gemüse-Antipasti eine Platte mit Rand wählen.

GRUNDPRODUKTE

ca. 200 g gegrillte Mini-Auberginen
ca. 200 g gegrillte Mini-Zucchini
ca. 200 g gegrillter Mini-Fenchel
3–4 EL Knoblauchöl
Meersalz
weißer Pfeffer
ca. 250 g marinierte Karotten
4 EL Olivenöl
½ TL mediterrane Kräutermischung (Basilikum, Rosmarin, Majoran, Petersilie)
1 kleine Aubergine
120 g Frischkäse
ca. 200 g grüne Peperoni
ca. 150 g halbgetrocknete Tomaten
ca. 200 g grüne Oliven
ca. 200 g gefüllte Weinblätter
ca. 250 g Kirschpaprika, gefüllt mit Frischkäse

GARNITUR

Rucola
schwarze Oliven
eingelegte Perlzwiebeln
marinierte Champignons
Rosmarin
Basilikum

HERSTELLUNG PLATTE

Mini-Auberginen halbieren.

Enden der Mini-Zucchini abschneiden und in der Mitte halbieren. Mit dem Bundmesser, je nach Stärke Zucchini, diese der Länge nach in Viertel oder Achtel schneiden.

Mini-Fenchel in der Mitte aufschneiden und den Strunk entfernen.

Auberginen, Zucchini und Fenchel auf ein mit Backpapier ausgelegtes Blech legen. Mit Knoblauchöl einpinseln und mit Meersalz und weißem Pfeffer würzen. Anschließend im Ofen bei 180 °C ca. 20 Minuten garen.

Karotten schälen und in Salzwasser etwa 20 Minuten im Ganzen kochen. Abgießen, abkühlen lassen und in ca. 5 Zentimeter lange Viertel oder Achtel schneiden. Mit 2 EL Olivenöl und einer mediterranen Kräutermischung marinieren und mindestens eine Stunde durchziehen lassen.

Strunk von der Aubergine abschneiden. Von der Aubergine der Länge nach 6 Scheiben mit einer Dicke von ca. 0,5 cm, auf der Aufschnittmaschine oder mit dem Gemüsehobel abschneiden. Scheiben auf ein mit Backpapier belegtes Blech legen, mit 2 EL Olivenöl bestreichen, mit Salz und Pfeffer würzen, und im Ofen bei 180 °C ca. 10 Minuten braten. Abkühlen lassen, anschließend mit Frischkäse füllen und aufrollen.

Vor dem Auflegen die Produkte farblich sortieren und dementsprechend bereitstellen.

Am linken oberen Plattenrand mit dem Anordnen der Peperoni beginnen und diese so auflegen, dass ein Feld bis etwa zur Mitte der Platte gefüllt wird.

Mit den halbierten, gegrillten Mini-Auberginen anschließen.

Dann mit den mit Bundmesser geschnittenen Zucchinivierteln weiterarbeiten.

Daneben die mit Frischkäse gefüllten Auberginenröllchen in zwei Reihen auflegen.

MINI-SÜLZEN MIT PASSENDEN DIPS

Für ca. 12 bis 15 Personen

Die roten, halbgetrockneten Tomaten bilden den Kontrast zu den grünen Oliven, die in der rechten unteren Plattenecke angerichtet werden.

Die, in 2 Reihen aufgelegten, gefüllten Weinblätter sorgen für Halt.

Die gefüllten Kirschpaprika sorgen daneben für Farbe. Daneben liegt der halbierte, gegrillte Fenchel. Mit Karottenstiften die Platte füllen.

AUSGARNIEREN

Den Freiraum in der Mitte der Platte mit Rucola füllen. Die schwarzen Oliven auf Holzspieße stecken und platzieren. Den Freiraum mit Perlzwiebeln und marinierten Champignons füllen. Mit Rosmarin und Basilikum vervollständigen.

MEIN TIPP

Das Gemüse kann gut verschlossen, am besten im Vakuumbeutel, mindestens eine Woche im Kühlhaus gelagert werden.

PLATTE

diverse Platten
Espressotassen

GRUNDPRODUKTE

8 Stück Gemüsesülze
12 Stück Wurstsülze mit Paprika
18 Stück Schinken-Oliven-Sülze
ca. 150 g Kräuterremoulade
ca. 150 g Kräutervinaigrette
ca. 150 g Zitronenmayonnaise

GEMÜSESÜLZE

Für etwa 500 g

100 g Karotten
100 g Sellerie
50 g Lauch
1 kleine Zwiebel
1 EL Öl
200 ml Gemüsebrühe
4 Blätter weiße Gelatine
etwas Weißweinessig
Salz
Pfeffer
Zucker

WURSTSÜLZE

für ca. 500 g

250 g feine Schinkenwurst
50 g Paprika, rot und gelb
200 ml Gemüsebrühe
4 Blätter weiße Gelatine oder Aspik (Menge nach Packungsanleitung)
Etwas Weißweinessig
Salz
Pfeffer
Zucker

MINI-SÜLZEN
MIT PASSENDEN DIPS

Für ca. 12 bis 15 Personen

SCHINKEN-OLIVEN-SÜLZE

Für etwa 500 g

250 g gekochten Schinken
50 g Oliven ohne Stein, schwarz und grün
200 ml Gemüsebrühe
4 Blätter weiße Gelatine oder Aspik (Menge nach Packungsanleitung)
Salz
Pfeffer

KRÄUTERREMOULADE

Für etwa 500 g

250 g Mayonnaise
2 Stück Eier, hart gekocht
2 EL Kapern
3 Stück Cornichons
2 EL griechischer Joghurt, natur
1 EL Kerbel, fein gehackt
3 EL Schnittlauch, fein geschnitten
2 EL Estragon, fein gehackt
2 EL Petersilie, fein gehackt
etwas Weißweinessig
Salz
Pfeffer
Zucker

KRÄUTERVINAIGRETTE

Für etwa 500 g

½ Bund Petersilie
1 Hand voll Kerbel
½ Bund Basilikum
½ Bund Estragon
10 Stiele Sauerampfer
100 ml Weißweinessig
70 ml Geflügelfond
1 EL Dijon-Senf
Salz
Pfeffer
Zucker
300 ml Sonnenblumenöl

ZITRONENMAYONNAISE

Für etwa 500 g

250 g Mayonnaise
200 g saure Sahne
Saft und Abrieb von 2 Zitronen
Salz
Pfeffer
Zucker

HERSTELLUNG GEMÜSESÜLZE

Karotten, Sellerie und Lauch putzen und alles fein würfeln. Zwiebel von der Haut befreien und ebenfalls sehr fein würfeln. Öl in einem Topf erhitzen und Gemüse darin andünsten. Brühe zugießen und 5 – 7 Minuten bei milder Hitze garen. Gelatine in kaltem Wasser einweichen.

Die Gelatine ausdrücken und in der heißen Gemüsemasse auflösen. Kräftig mit Essig, Salz, Pfeffer und Zucker würzen. Wenn die Masse etwas erkaltet ist, in kleine Flexipanformen füllen und über Nacht im Kühlhaus auskühlen lassen. Nach dem Erkalten aus der Form nehmen.

HERSTELLUNG WURSTSÜLZE

Schinkenwurst und Paprika fein Würfeln. Mit kochendem Wasser übergießen, damit die Würfel sich besser mit der Gelatine verbinden und nicht herausfallen.

Gelatine in kaltem Wasser einweichen. Brühe auf mindestens 70 °C erhitzen.

Gelatine ausdrücken und in der Masse auflösen. Wurst und Paprika dazugeben. Kräftig mit Essig, Salz, Pfeffer und Zucker abschmecken. Wenn die Masse etwas erkaltet ist, in kleine Flexipanformen füllen und über Nacht im Kühlhaus auskühlen lassen. Nach dem Erkalten aus der Form nehmen.

HERSTELLUNG SCHINKEN-OLIVEN-SÜLZE

Gekochten Schinken und Oliven fein würfeln. Mit kochendem Wasser übergießen, damit die Würfel sich besser mit der Gelatine verbinden und nicht herausfallen.

Gelatine in kaltem Wasser einweichen. Brühe auf mindestens 70 °C erhitzen.

Gelatine ausdrücken und in der Masse auflösen. Schinken und Oliven dazugeben. Kräftig mit Essig, Salz, Pfeffer und Zucker abschmecken. Wenn die Masse etwas erkaltet ist, in kleine Flexipanformen füllen und über Nacht im Kühlhaus auskühlen lassen. Nach dem Erkalten aus der Form nehmen.

HERSTELLUNG KRÄUTERREMOULADE

Mayonnaise in eine Schüssel geben und mit dem Schneebesen cremig rühren. Hart gekochte Eier pellen und halbieren. Eigelb und Eiweiß getrennt hacken. Kapern und Cornichons fein hacken. Joghurt, Eigelb, Eiweiß, Kapern, Cornichons, Kerbel, Schnittlauch, Estragon und Petersilie unter die Mayonnaise heben. Mit Essig, Salz, Pfeffer und einer Prise Zucker abschmecken.

HERSTELLUNG KRÄUTERVINAIGRETTE

Kräuter waschen, trockenschleudern, Blätter von den Stielen zupfen und grob hacken. Kräuter im Mixer mit Essig, Fond, Senf, Salz, Pfeffer und Zucker fein pürieren.

Das Öl in dünnem Strahl zulaufen lassen und alles zu einer sämigen Sauce mixen.

Die Kräutervinaigrette hält sich gut verschlossen, (z. B. in einem Schraubglas oder im Vakuumbeutel) eine Woche im Kühlhaus.

HERSTELLUNG ZITRONENMAYONNAISE

Mayonnaise mit saurer Sahne verrühren. Zitronenschale und -saft mit der Mayonnaise glattrühren. Mit Salz, Pfeffer und Zucker würzen.

AUSGARNIEREN

Sülzen in Sorten in geraden Reihen auf die Platten setzen.

Dips in dekorative Sammeltassen oder Schälchen füllen und dazu servieren.

MEIN TIPP

Ich habe in den Rezepten die Mengen für die Sülzmasse angegeben, weil Sie diese in beliebige Formen füllen können. Mit kleinen Formen bekommen Sie Einzelportionen. Aber auch eine große Gugelhupfform sieht interessant aus.

MINI-SÜLZEN MIT PASSENDEN DIPS

Hausmacher Sülze mit Remoulade und knusprigen Bratkartoffeln. So kennen und lieben wir die Sülze. Hier finden Sie eine etwas andere Variante, sowohl in der Zusammensetzung als auch in der Form. Diese kleinen Häppchen eignen sich hervorragend für ein Buffet, da sie in einem Putz verzehrt werden können.

ZUSAMMENSETZUNG

Diese Platte setzt sich aus 3 Sülzenvarianten mit den passenden Soßen zusammen:
Gemüsesülze mit Kräuterremoulade, Wurstsülze mit Paprika dazu Kräutervinaigrette und Schinken-Oliven-Sülze mit Zitronenmayonnaise.

- Als alleinige Vorspeise für ca. 12 bis 15 Personen oder als Teil eines Buffets
- Kann gut vorbereitet werden, gut abdecken
- Im Kühlhaus lagern (bei höchstens +7 °C)
- Macht etwas Arbeit, geringer Wareneinsatz
- Milch, Ei, Sellerie, Senf

HÄPPCHEN & FINGERFOOD

FEINSCHMECKERHÄPPCHEN

Häppchen gehören nach wie vor ins Angebot rund um den Stehempfang. Auch wenn ausgefallene Snacks, Spießchen und Gläschen sie manchmal verdrängen. Die klassischen Häppchen sind nach wie vor beliebt und sollten nicht außer Acht gelassen werden.

ZUSAMMENSETZUNG

Auf dieser Platte sind 6 Sorten von Häppchen á 4 Stück arrangiert. Belegt sind sie mit Garnelen, Räucherlachs, gegrillter Putenbrust, Bauernschinken, Leberwurstcreme und Mozzarella mit Tomate.

- Zum Sektempfang für ca. 4 bis 5 Personen
- Sollte am Tag der Auslieferung frisch hergestellt werden
- Im Kühlhaus lagern (bei höchstens +7 °C)
- Zeitintensiv
- Weizen, Milch, Ei, Krebstiere, Fisch

FEINSCHMECKERHÄPPCHEN

Für ca. 4 bis 5 Personen

PLATTE

Silbertablett
Sektgläser
Weiße Melaminplatte, 53 x 32,5 cm

PRODUKTE GARNELENHÄPPCHEN

4 Scheiben Baguettebrot
etwas Lollo Rosso Salat
1 Stück Ei, hart gekocht
4 EL Meerrettich-Frischkäse
4 Stück Cocktailgarnelen

GARNITUR GARNELENHÄPPCHEN

Kresse
Forellenkaviar

PRODUKTE LACHSHÄPPCHEN

4 Scheiben Baguettebrot
etwas gesalzene Butter
etwas Lollo Bianco Salat
4 Scheiben Räucherlachs
2 EL Meerrettich-Frischkäse

GARNITUR LACHSHÄPPCHEN

Kürbis oder gelbe Paprika
Borretschblüten

PRODUKTE GEFLÜGELHÄPPCHEN

4 Scheiben Baguettebrot
etwas gesalzene Butter
8 Scheiben gegrillte Putenbrust
2 EL Frischkäse, natur

GARNITUR GEFLÜGELHÄPPCHEN

4 Scheiben Kiwi
4 rote Johannisbeeren

PRODUKTE ROHSCHINKENHÄPPCHEN

4 Scheiben Baguettebrot
etwas gesalzene Butter
8 Scheiben Salatgurke
8 Scheiben Bauernschinken
2 EL Frischkäse, natur

GARNITUR ROHSCHINKENHÄPPCHEN

Brandteigherzen (Rezept siehe Seite 65)

PRODUKTE LEBERWURSTCREME-HÄPPCHEN

4 Scheiben Baguettebrot
etwas Lollo Bianco Salat
ca. 120 g Leberwurstcreme (Rezept siehe Seite 64)

GARNITUR LEBERWURSTCREME-HÄPPCHEN

mit Paprika gefüllte Oliven
Scheiben vom Maiskölbchen aus dem Glas
Thymianblättchen

PRODUKTE MOZZARELLAHÄPPCHEN

4 Scheiben Baguettebrot
ca. 1 EL Basilikumpesto
4 Scheiben Strauchtomaten
4 Scheiben Mozzarella

GARNITUR MOZZARELLAHÄPPCHEN

Frischkäse, natur
Cocktailtomaten
kleine Basilikumblättchen
schwarzer, gebrochener Pfeffer

MEIN TIPP

Häppchen, Schnittchen und Canapés sollten nicht direkt auf der Platte fertig gestellt werden. So entstehen meist Krümel und unsaubere Plattenränder. Arbeiten Sie auf der Arbeitsfläche und setzen Sie die fertig gestalteten Teilchen zum Schluss auf die sauber polierte Platte.

HERSTELLUNG GARNELENHÄPPCHEN

Für die Garnelenhäppchen den Salat am linken Rand der Baguettescheibe auflegen. Mit Hilfe eines Eierschneiders das gekochte Ei der Länge nach in Scheiben schneiden. Die ovalen Eierscheiben der Länge nach durschneiden und auf das Brot legen. Meerrettich-Frischkäse in einen Spritzbeutel mit Sterntülle füllen und jeweils als Rosette auf den freien Mittelpunkt zwischen den Eierhälften platzieren. Garnele der Länge nach teilen und die Hälften gegenüberliegend auf der Eierscheibe anrichten. Mit Kresse und Forellenkaviar vervollständigen.

FEINSCHMECKERHÄPPCHEN

Für ca. 4 bis 5 Personen

HERSTELLUNG LACHSHÄPPCHEN

Für die Lachshäppchen ein kleines Salatblatt auf die gebutterte Baguettescheibe legen, Räucherlachsscheibe darauf anrichten. Meerrettich-Frischkäse in einen Spritzbeutel mit Sterntülle eben und jeweils als Tupfer auf dem Lachs anrichten. Mit einem kleinen ovalen Ausstecher Blättchen aus einer Scheibe Kürbis oder einem Stück gelber Paprika ausstechen. Jeweils 2 Blättchen und eine Borretschblüte als Garnitur auflegen.

HERSTELLUNG GEFLÜGELHÄPPCHEN

Scheiben von der gegrillten Putenbrust nebeneinander auf dem gebutterten Baguette platzieren. Frischkäse in einen Spritzbeutel mit Sterntülle geben und einen Tupfer auf die Putenbrust setzen. Aus den Kiwischeiben mit rundem Ausstecher Kreise ausstechen und auf dem Fischkäse platzieren. Mit Frischkäse und roter Johannisbeere vervollständigen.

HERSTELLUNG ROHSCHINKENHÄPPCHEN

Bei den Rohschinkenhäppchen 2 Gurkenscheiben auf das gebutterte Brot legen. Bauernschinken rollen und je 2 Röllchen auf den Gurkenscheiben anrichten. Einen kleinen Tupfer Frischkäse aufsetzen und die Brandteigherzen darin fixieren.

HERSTELLUNG LEBERWURSTCREMEHÄPPCHEN

Leberwurstcreme (siehe rechts) in einen Spritzbeutel mit mittlerer Sterntülle füllen. Kleines Salatblatt auf die Baguettescheibe legen und die Lebercreme schlangenförmig aufspritzen.

Gefüllte Oliven mit einem spitzen Messer zacken. Mit je 2 Scheiben vom Mais, einer halben Olive und 2 Blättchen Thymian vervollständigen.

HERSTELLUNG LEBERWURSTCREME

Für etwa 500 g

250 g Leberwurst, feinzerkleinert
200 g Frischkäse, natur
etwas Milch
1 TL Gemüsemeerretich aus dem Glas
1 EL Cognac oder Preiselbeergelee

Leberwurst und Frischkäse cremig rühren. So viel Milch hinzugeben, dass eine geschmeidige Masse entsteht. Mit Meerrettich und Cognac oder Preiselbeergelee abschmecken.

HERSTELLUNG MOZZARELLAHÄPPCHEN

Baguettescheibe für das Mozzarellahäppchen mit Pesto bestreichen. Eine Scheibe der Strauchtomate auflegen. Aus dem Mozzarella je 2 ovale Scheiben ausstechen und im unteren Drittel platzieren. Ein Tupfer Frischkäse auf den Mozzarella auftragen, dieser sorgt für den Halt und anschließend darauf eine halbierte Cocktailtomate auflegen. Mit etwas gebrochenem Pfeffer und kleinen Basilikumblättern vervollständigen.

HERSTELLUNG BRANDTEIGGEBÄCK

GRUNDREZEPT BRANDTEIG

450 ml Wasser
125 g Butter
1 Prise Salz
250 g Mehl
4–5 Eier

Wasser mit Butter und Salz in einem Topf bei mittlerer Hitze zum Kochen bringen. Dabei soll die Butter schmelzen, die Flüssigkeit aber nicht länger als nötig kochen. Sobald die Flüssigkeit kocht, das Mehl auf einmal hineingeben. Mit einem Kochlöffel gut unterrühren.

Nach kurzer Zeit formt sich der Teig zu einem Kloß und löst sich vom Topfboden. Nun den Topf vom Herd nehmen und den Teig in eine Rührschüssel umfüllen. Ist der Teig handwarm die Eier nach und nach mit dem Knethaken unterrühren.

1 Der glänzende Teig hat die richtige Konsistenz, wenn er feste Spitzen bildet. Diesen Teig in einen Einwegspritzbeutel ohne Tülle füllen. Mit der Schere eine kleine Öffnung an der Spitze aufschneiden.

2 Die gewünschten Formen auf ein mit Backpapier ausgelegtes Blech spritzen. Im vorgeheizten Ofen bei 200 °C ca. 5 Minuten goldgelb backen.

3 Nachdem die Ornamente ca. 15 Minuten ausgekühlt sind, können sie in einer luftdichten Dose für mindestens 4 Wochen gelagert werden. Da der Teig neutral ist, können die Ornamente für süße und herzhafte Garnituren verwendet werden.

1

2

3

KÄSE-CANAPÉS

Canapés sind kleine Brotscheiben, knackige Cracker oder knusprige Torteletts, die mit allerlei Köstlichkeiten üppig belegt und geschmacklich passend garniert werden. Käse-Canapés sind der ideale Begleiter zu einem Glas Champagner, Sekt oder zu einem guten Wein.

ZUSAMMENSETZUNG

Diese Platte setzt sich aus 4 verschiedenen Käse-Canapés zusammen. Belegt sind sie mit Blauschimmelkäse, Gouda, Paprikafrischkäse und Butterkäse.

- Zum Stehempfang für ca. 8 Personen (man rechnet pro Person 3 bis 4 Teilchen)
- Muss frisch zubereitet werden
- Im Kühlhaus lagern (bei höchstens +7 °C)
- Aufwendig, viele Produkte, geringer Warenwert
- Weizen, Roggen, Milch, Pistazien

KÄSE-CANAPÉS

Für ca. 8 Personen

PLATTE

Serviertablett aus Walnussholz, flach, lebensmittelecht versiegelt, 53 x 37 x 4 cm

PRODUKTE BLAUSCHIMMELKÄSE-CANAPÉS

8 Stück Torteletts (Fertigprodukt)
4 EL Preiselbeerkonfitüre
etwas Friséesalat
Babybirne
ca. 160 g Blauschimmelkäse
etwas Frischkäse, natur
Pistazienkerne

PRODUKTE GOUDA-CANAPÉS

8 Stück runde Pumpernickel
etwas Butter
2 große Scheiben mittelalter Gouda, ca. 5 mm dick geschnitten
etwas Frischkäse, natur
eine kleine Scheibe Austernbrot
etwas Salzgebäck

PRODUKTE MINI-WINDBEUTEL

8 Stück Mini-Windbeutel (Fertigprodukt)
ca. 200 g Paprikafrischkäse (Fertigprodukt)
etwas Brokkoliröschen
8 Stück Brandteigherzen

PRODUKTE BUTTERKÄSE-CANAPÉS

8 Stück runde Pumpernickel
etwas Butter
4 Scheiben Butterkäse
etwas Frischkäse, natur
4 Stück mit Paprika gefüllte Oliven
etwas glatte Petersilie

HERSTELLUNG BLAUSCHIMMELKÄSE-CANAPÉS

Torteletts mit der Preiselbeerkonfitüre füllen und etwas Friséesalat darauflegen. Babybirne aus der Dose abtropfen lassen, in Viertel schneiden und jeweils ein Stückchen auf der Konfitüre anrichten. Eine schmale Scheibe vom Blauschimmelkäse dazulegen. Frischkäse in einen Spritzbeutel mit kleiner Tülle füllen und jeweils einen Tupfer aufsetzen. Mit Pistazienkernen garnieren.

HERSTELLUNG GOUDA-CANAPÉS

Rundes Pumpernickelbrot in der Mitte mit etwas Butter bestreichen. Mittelalten Gouda mit einem Plätzchenausstecher in der Größe des Brotes z.B. als Kleeblatt ausstechen und jeweils eine Scheibe auf das Brot setzen. In die Mitte einen Tupfer Frischkäse spritzen und mit einer kleinen Scheibe Austernbrot (Herstellung siehe Seite 118) garnieren. Mit Salzgebäck (Knabbergebäck aus der Packung) vervollständigen.

MEIN TIPP

Legen Sie sich immer einen Spritzbeutel mit Frischkäse bereit, wenn Sie Häppchen oder Canapés zubereiten. Der Naturfrischkäse schmeckt zu fast allen Produkten und kann sowohl süßer als auch herzhafter Garnitur Halt geben. Damit sich der Frischkäse gut aufspritzen lässt, sollte er vor dem Einfüllen in den Spritzbeutel mit dem Handrührgerät aufgeschlagen werden.

HERSTELLUNG MINI-WINDBEUTEL

Deckel vom Mini-Windbeutel abschneiden. Paprikafrischkäse (Fertigprodukt) in einen Spritzbeutel mit großer Sterntülle füllen und jeweils eine Rosette aufspritzen. Mit Brandteigherzen und Brokkoliröschen garnieren.

HERSTELLUNG BUTTERKÄSE-CANAPÉS

Aus dem Butterkäse jeweils 2 Kreise ausstechen. Ersten Kreis auf den Pumpernickel legen. Frischkäse in einen Spritzbeutel mit kleiner Lochtülle füllen und rundherum 8 kleine Tupfen auf die Käsescheibe spritzen. Zweiten Käsekreis in achtel schneiden, so dass kleine Tortenstücke entstehen. Die Tortenstücke schräg, mit der Spitze zur Mitte, auf den Frischkäsetupfen anrichten. Olive zacken und jeweils eine Hälfte in die Mitte setzen. Mit einem kleinen Blättchen glatter Petersilie vervollständigen.

ANRICHTEN

Die Käse-Canapés in gleichmäßigen Abständen von außen auf der Platte anrichten.

ANRICHTEN DER BUTTERKÄSE-CANAPÉS

1 Aus dem Butterkäse jeweils 2 Kreise ausstechen. Ersten Kreis auf den Pumpernickel legen. Frischkäse in einen Spritzbeutel mit kleiner Lochtülle füllen.

2 Auf die auf dem Pumpernickel liegende Käsescheibe rundherum 8 kleine Tupfer Frischkäse setzen. Den zweiten Käsekreis in achtel schneiden, so dass kleine Tortenstücke entstehen. Die Tortenstücke schräg, mit der Spitze zur Mitte, auf den Frischkäsetupfen anrichten.

1

2

KÄSE-SCHNITTCHEN

Ansprechend belegte Baguettes laden zum Schlemmen und Snacken ein. Für die „Schnittchen“, die sowohl bei der lockeren Party als auch beim festlichen Stehempfang Anklang finden, sind unterschiedliche Baguettebrote die Grundlage.

ZUSAMMENSETZUNG

Diese Platte setzt sich aus 3 verschiedenen Baguettes zusammen:
Sauerrahm-Frischkäse auf Holzofenbaguette, Schafskäse mit Tomatensalsa auf Knoblauchbaguette und Antipasti-Frischkäse auf Olivenbaguette.

- Zum Aperitif für ca. 5 Personen
- Cremes können drei Tage vorher zubereitet werden. Bestreichen/belegen sollte man die Baguettes erst kurz vor der Auslieferung.
- Im Kühlhaus lagern (bei höchstens +7 °C)
- Schnell zubereitet, geringer Warenwert
- Weizen, Milch

KÄSE-SCHNITTCHEN

Für ca. 8 bis 10 Personen

PLATTE

Schneidebrett Walnussholz, geölt, in Kombination mit Holztablett, 47,5 x 25,5 cm

GRUNDPRODUKTE

5 Scheiben Holzofenbaguette
5 Scheiben Knoblauchbaguette
5 Scheiben Olivenbaguette
ca. 150 g Sauerrahm-Frischkäse
5 Scheiben Fetakäse
100 g Tomatensalsa
ca. 150 g Antipasti-Frischkäse

GARNITUR

grober schwarzer Pfeffer
etwas Kresse
etwas heller Eichblattsalat
einige Blätter Basilikum
Mini-Zucchini
rote Cocktailtomate
schwarze Olive
gelbe Peperoni

HERSTELLUNG SAUERRAHM-FRISCHKÄSE

Für etwa 500 g

300 g Frischkäse, natur
100 g Naturjoghurt (3,5 %)
100 g Sauerrahm (10 %)
1 EL Zitronensaft

Frischkäse mit Joghurt und Sauerrahm im Mixer cremig aufschlagen. Mit Zitronensaft abschmecken.

MEIN TIPP

Dieser Frischkäse kann auch mit Gelatine angereichert werden. Füllt man ihn dann in interessante Formen lässt er sich stürzen und kann beispielsweise als Beilage zu einem Gemüsesalat oder Paprikapüree gereicht werden.

HERSTELLUNG TOMATENSALSA

Für etwa 500 g

3–4 Fleischtomaten (das Fruchtfleisch soll knapp 500 g haben)
1 Schalotte
1 Knoblauchzehe
2 EL Olivenöl
Salz
Pfeffer
Zucker

Tomaten häuten, halbieren, entkernen und Fruchtfleisch in kleine Würfel schneiden. Schalotte fein würfeln. Knoblauch fein schneiden oder durch die Presse drücken.

Tomaten, Schalotten und Knoblauch mischen. Olivenöl unterrühren und mit Salz, Pfeffer und Zucker abschmecken.

HERSTELLUNG ANTIPASTI-FRISCHKÄSE

Für etwa 500 g

350 g Frischkäse, natur
50 g gegrillte Paprika aus dem Glas
50 g schwarze Oliven
50 g grüne Oliven

Frischkäse cremig rühren. Paprika und Oliven gut abtropfen lassen und fein hacken. Gemüse unter den Frischkäse rühren.

MEIN TIPP

Hier kann alternativ auch jedes andere Antipasti-Gemüse untergerührt werden.

HERSTELLUNG PLATTE

Sauerrahm-Frischkäse in einen Spritzbeutel mit Sterntülle füllen und auf die Scheiben vom Holzofenbaguette aufspritzen. Mit grobem Pfeffer und etwas Kresse garnieren.

Etwas Salat auf die eine Seite des Knoblauchbaguettes legen. Fetakäse in Scheiben schneiden und darauf anrichten. Tomatensalsa darauf verteilen. Mit fein geschnittenem Basilikum garnieren.

Antipasti-Frischkäse auf die Scheiben vom Olivenbaguette aufstreichen. Mit einer Scheibe Zucchini, einem Schnitz Cocktailtomate und je einer Scheibe Olive und Peperoni garnieren.

Fertige Baguettes auf den Platten anrichten.

TRAMEZZINI

Tramezzini – so bezeichnet man die italienische Variante des Sandwiches. Erst die, meist cremigen, Füllungen machen Tramezzini zum idealen Snack oder appetitlichen Häppchen.

ZUSAMMENSETZUNG

Hier sind 2 Tramezzini-Varianten angerichtet:
Dreiecke mit Frischkäse und Schnittlauch und Röllchen mit Tomatenfrischkäse und grünem Spargel.

- Als Teil eines Snack-Buffets für ca. 4 Personen
- Kann einen Tag vor Auslieferung zubereitet werden, gut abdecken
- Im Kühlhaus lagern (bei höchstens +7 °C)
- Schnell zubereitet – geringer Warenwert
- Weizen, Milch

TRAMEZZINI

Für ca. 4 Personen

PLATTE

Holztablett, Walnussholz, 25,8 x 10,2 x 2 cm

GRUNDPRODUKTE

Tramezzinibrot mit Tomate (Fertigprodukt)
Tramezzinibrot mit Spinat (Fertigprodukt)
Frischkäse-Joghurt-Creme
Vollkorn-Tramezzinibrot (Fertigprodukt)
Tomatenfrischkäse
grüner Spargel

GARNITUR

Schnittlauchröllchen
blanchierter Lauch

HERSTELLUNG TRAMEZZINI-DREIECKE

Für etwa 500 g Frischkäse-Joghurt-Creme

400 g Frischkäse, natur
100 g Griechischer Joghurt, natur
etwas Saft und Abrieb einer Limette
weißer Pfeffer

Frischkäse im Mixer cremig aufschlagen. Joghurt unterrühren. Zitronenabrieb und Saft dazugeben und mit Pfeffer abschmecken.

Grünes Tramezzinibrot ca. 0,5 cm dick mit Frischkäsemasse bestreichen. Tomaten-Tramezzini auflegen und andrücken. Den gleichen Vorgang nochmal wiederholen. Gefülltes Brot in Frischhaltefolie wickeln und für einige Stunden ins Kühlhaus stellen.

Schnittlauch in Röllchen schneiden und in eine flache Schale geben. Gefülltes Brot aus dem Kühlhaus nehmen und in Dreiecke schneiden. Eine Kante des Dreiecks mit etwas Frischkäse bestreichen und in die Schnittlauchröllchen tauchen. Anschließend etwas festdrücken.

TRAMEZZINI-RÖLLCHEN

Für etwa 500 g Tomaten-Frischkäse

450 g Frischkäse, natur
3 EL Tomatenmark
1 EL getrocknete Tomatenflocken
Salz
Zucker
Zitronensaft

Frischkäse mit dem Tomatenmark im Mixer cremig aufschlagen. Tomatenflocken unterrühren und abschmecken.

Vollkorn-Tramezzini mit Tomatenfrischkäse ca. 0,5 cm dick bestreichen. Den oberen Rand etwas freilassen, damit die Füllung beim zusammenrollen nicht herauspresst. Drei blanchierte (oder TK), grüne Spargelstangen auf den Frischkäse legen und das Brot fest zusammenrollen. Rolle fest in Frischhaltefolie wickeln und für einige Stunden ins Kühlhaus legen.

Wenn die Rollen gut durchgekühlt sind, aus dem Kühlhaus nehmen und in ca. 2,5 cm dicke Scheiben schneiden. Für die Garnitur den blanchierten Lauch in Streifen schneiden und um jede Rolle ein Lauchband wickeln.

MEIN TIPP

Da Tramezzinibrot mit einer entsprechenden Füllung etwas durchziehen soll, lässt es sich gut vorbereiten. Wichtig ist jedoch, dass es immer gut abgedeckt wird, sonst wird das Brot schnell trocken.

GEMÜSE ZUM DIPPEN

Für ca. 10 Personen

GESCHIRR

Mini-Gläschen

GRUNDPRODUKTE

Rettich
Grüner Spargel
Minikarotten
Salatgurken
Paprika orange, gelb, rot

HERSTELLUNG FRISCHKÄSE-JOGHURT-DIP

Für etwa 500 g

400 g Doppelrahmfrischkäse
100 g Naturjoghurt
Salz
Pfeffer
Zitronensaft

Doppelrahmfrischkäse und Naturjoghurt mit dem Mixer aufschlagen. Mit Salz, Pfeffer und einigen Spritzern Zitronensaft würzen.

HERSTELLUNG ZIEGENKÄSE-PAPRIKA-DIP

Für etwa 500 g

1 Paprikaschote, orange
200 g Ziegenfrischkäse
200 g Frischkäse
2 Knoblauchzehen
optional: etwas Naturjoghurt

Paprika würfeln und mit den beiden Frischkäsesorten und Knoblauch im Blitzhacker vermischen. Je nach gewünschter Konsistenz noch etwas Naturjoghurt hinzugeben.

HERSTELLUNG KRÄUTER-FRISCHKÄSE-DIP

Für etwa 500 g

1 Knoblauchzehe
etwas Meersalz
100 g weiche Butter
350 g Doppelrahmfrischkäse
50 g gehackte Kräuter (Petersilie, Kresse, Schnittlauch, Dill ...)
Pfeffer
Salz

Knoblauch pellen, mit grobem Meersalz in einem Mörser fein zerreiben, mit der Butter in eine Rührschüssel geben. Mit den Quirlen eines Handrührers cremig rühren. Den Frischkäse nach und nach gut unterrühren. Kräuter mit dem Blitzhacker sehr fein hacken und unter die Frischkäsemasse rühren. Mit Pfeffer und Salz abschmecken.

HERSTELLUNG GLÄSCHEN

Rettich waschen, schälen und in ca. 10 cm lange Stifte schneiden.

Untere Enden des grünen Spargels schälen. Einen Topf mit Salzwasser zum Kochen bringen. Spargel darin blanchieren und danach im Eiswasser abschrecken. Abtropfen lassen.

Minikarotten putzen und schälen. Den grünen Strunk kürzen.

Salatgurken mit Schale waschen und in ca. 10 cm lange Stifte schneiden.

Paprika waschen, entkernen und in gleichmäßige Stifte schneiden.

Das Gemüse – farblich passend – in Gläser von passender Größe anrichten.

Die unterschiedlichen Frischkäsedips jeweils in einen Spritzbeutel mit großer Lochtülle füllen und in Gläser spritzen.

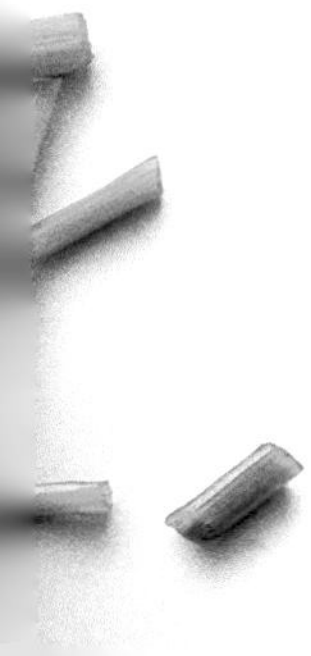

GEMÜSE ZUM DIPPEN

Möhren- und Zucchinistifte, Blumenkohl- oder Broccoliröschen, Radieschen, Staudensellerie, Gurkensticks, Chicoréeblätter, Paprikastreifen, Spargel und vieles andere mehr. Mit den cremigen Dips kommt das gesunde Fingerfood bei jung und alt gut an.

ZUSAMMENSETZUNG

In Gläschen angerichtet sind hier 5 verschiedene Gemüsesorten zu finden:
Rettichstifte, blanchierter Spargel, Minikarotten, Gurkenstreifen und Paprikastifte. Dazu 3 verschiedene Frischkäse-Dips.

- Als Ergänzung zum Fingerfood für ca. 10 Personen
- Dips können 2 bis 3 Tage im Voraus zubereitet werden
- Im Kühlhaus lagern (bei höchstens +7 °C)
- Einfach, geringer Warenwert
- Milch

HERZHAFTE CUPCAKES, DONUTS UND LOLLY POPS

Diese herzhaften Cupcakes, Donuts und Lollypops machen richtig was her. Im Teig tummeln sich Schinken und Käse und das Topping ist extra cremig.

ZUSAMMENSETZUNG

Dieses Arrangement setzt sich zusammen aus: Donuts, Muffins mit Kräutertopping, Bällchen im Schnittlauchmantel und Muffins mit Paprikafrischkäse-Topping.

- Als Teil eines Fingerfood-Buffets – oder als Snack für ca. 6 bis 8 Personen
- Herzhafter Kuchen kann gut vorbereitet und tiefgekühlt werden. Das Topping erst kurz vor dem Servieren aufbringen.
- Im Kühlhaus lagern (bei höchstens +7 °C)
- Einfach, geringer Warenwert
- Weizen, Milch, Ei

ZIEHER

HERZHAFTE CUPCAKES, DONUTS UND LOLLY POPS

Für ca. 6 bis 8 Personen

PLATTE

Glastreppe 29 x 34 x 12 cm, tiefschwarz

GRUNDPRODUKTE

4 Donuts
4 Muffins mit Kräutertopping
4 Bällchen im Schnittlauchmantel
4 Muffins mit Paprikafrischkäse-Topping

GARNITUR

gelbe Cocktailtomaten
200 g Kräuterfrischkäse / Kapernäpfel und Karottenscheiben
80 g Frischkäse, natur / Schnittlauchröllchen
200 g Paprikafrischkäse / Scheiben vom grünen Spargel und schwarze Olivenstreifen

SONSTIGES

8 Stück Muffinmanschetten
8 Stück Pralinenmanschetten
4 Stück Mumbai Stick Bambus schwarz / natur

HERSTELLUNG HERZHAFTER TEIG

Für etwa 20 Teile – je nach Größe

1 Bund Schnittlauch
150 g gewürfelten Bauchspeck
75 g weiche Butter
2 Eier
250 g Weizenmehl
2 TL Backpulver
Salz
1 Msp. Cayennepfeffer
125 ml Milch
100 g Käse, gerieben z.B. Gruyère

Muffin-, Donut- oder Cakepopform fetten und mehlen oder mit Papierförmchen besetzen.

Schnittlauch waschen, trocken schütteln und in feine Ringe schneiden.

Speck in einer Bratpfanne anbraten. Nach dem Anbraten die Speckwürfel auf Küchenpapier legen und das Fett abtropfen lassen.

Weiche Butter und Eier in die Küchenmaschine geben und cremig schlagen. Mehl, Backpulver, Salz und Cayennepfeffer in einer Schüssel mischen und mit der Milch abwechselnd zugeben. Schnittlauch, Speckwürfel und geraspelten Käse unterheben.

Teig portionsweise in die entsprechenden Formen (Muffin, Donut- oder Cakepopformen) füllen und im vorgeheizten Ofen bei 200 °C 10 bis 15 Minuten backen. Stäbchenprobe machen (am Holzstäbchen darf kein flüssiger Teig haften bleiben).

Herausnehmen und ca. 30 Minuten auskühlen lassen.

LÖFFELFOOD

Für ca. 3 Personen

HERSTELLUNG DONUTS, MUFFINS UND BÄLLCHEN

Donuts mit je einer halben, gelben Cocktailtomate garnieren und in einer aufgefalteten Pralinenmanschette anrichten.

Kräuterfrischkäse in einen Spritzbeutel mit Sterntülle füllen und auf 4 herzhafte Muffins eine Rosette spritzen. Mit Kapernapfel und einer halbierten Scheibe von der Karotte garnieren.

Naturfrischkäse cremig rühren und in eine flache Schale füllen. Schnittlauchröllchen ebenfalls in eine flache Schale geben. Bällchen erst im Frischkäse, dann in den Schnittlauchröllchen wälzen bis sie vollständig ummantelt sind. In eine Pralinenmanschette setzen und mit einem Spieß dekorieren.

Paprikafrischkäse in einen Spritzbeutel mit Sterntülle füllen und auf 4 Muffins jeweils eine Rosette spritzen. Mit Scheiben vom grünen Spargel und schmaler Olivenspalte garnieren.

ANRICHTEN

Auf die untere Stufe der Treppe die Donuts setzen. Darüber werden die Muffins mit Kräuterfrischkäse in gleichmäßigen Abständen gesetzt. Anschließend die Bällchen im Schnittlauchmantel und ganz oben die Muffins mit Paprikafrischkäse anrichten.

MEIN TIPP

Dieser Teig kann in beliebigen Formen gebacken werden. Er ist auch für herzhafte Waffeln geeignet.

PLATTE

Tablett mit Füßen, massiver Edelstahl, rechteckig

GRUNDPRODUKTE

3 Scheiben Lachsschinken
60 g Frischkäse, natur
⅛ von einem grünen Apfel
etwas Zitronensaft
3 Stück Melonenbällchen (frisch, TK oder Convenience)
60 g Meerrettichfrischkäse (Rezept siehe Seite 104)
4 Stück Lachskonfekt mit schwarzem Sesam

GARNITUR

grüner Apfel
Melonenbällchen
Forellenkaviar

HERSTELLUNG SCHINKENVARIATION

Frischkäse in einen Spritzbeutel mit glatter Sterntülle füllen und auf die Löffel jeweils einen Tupfer aufspritzen. Lachsschinken zweimal falten und im Frischkäse festsetzen. Aus einer Scheibe vom grünen Apfel kleine Segmente ausschneiden und mit Zitronensaft beträufeln. Melonenbällchen mit Apfelspalten zum Lachsschinken anrichten.

HERSTELLUNG LÖFFEL MIT LACHSKONFEKT

Meerrettichfrischkäse in einen Spritzbeutel mit gezackter Tülle geben und jeweils eine Rosette auf die Löffel für die Lachsvariation spritzen. Lachskonfekt aufsetzen und mit einigen Perlen vom Forellenkaviar garnieren.

LÖFFELFOOD

Food-Trends zum Löffeln. Die Zeiten der Suppenkasper sind vorbei – die leckeren Kleinigkeiten, die auf Löffeln angerichtet sind, erfreuen Feinschmecker und Genießer.

ZUSAMMENSETZUNG

Diese Platte setzt sich aus 2 verschiedenen Löffelportionen zusammen:
Lachsschinken mit grünem Apfel, Frischkäse und Melonenbällchen und Lachskonfekt mit schwarzem Sesam, Meerrettichfrischkäse, Forellenkaviar.

- Als Teil eines Fingerfood-Buffets für ca. 3 Personen
- Kann maximal einen Tag vor Auslieferung zubereitet werden, gut abdecken
- Im Kühlhaus lagern (bei höchstens +7 °C)
- schnell zubereitet
- Milch, Fisch, Sesam

BAYRISCHE KÖSTLICHKEITEN

Herzhaft und deftig – so sind die meisten bayrischen Gerichte. Ob Obatzter oder Weißwurst – die weiß-blauen Spezialitäten sind beliebt. Wir servieren die traditionellen Leckereien in einem cateringfreundlicheren Format.

ZUSAMMENSETZUNG

In den Gläschen sind Bratwurstsalat mit Laugenherzchen, Obatzter mit Laugenchips und Weißwurstspießchen auf Senfpesto angerichtet.

- Als Ergänzung zum Flying-Buffet oder als Mitternachtssnack für ca. 6 Personen (man rechnet ca. 3 Gläschen pro Person)
- Kann gut vorbereitet werden. Am Tag der Auslieferung anrichten.
- Im Kühlhaus lagern (bei höchstens +7 °C)
- Einfache Herstellung, geringer Warenwert
- Weizen, Pinienkerne, Senf

BAYRISCHE KÖSTLICHKEITEN

Für ca. 6 Personen

PLATTE

Holzbretter
Glasschälchen, ca. 150 ml

GRUNDPRODUKTE

Bratwurstsalat
Obatzter mit Laugenchips
Weißwurstspieß mit Senfpesto

GARNITUR

6 kleine Laugenherzchen (Fertiprodukt)
Laugenchips
Schnittlauchröllchen

HERSTELLUNG BRATWURSTSALAT

Für etwa 500 g

ca. 300 g gebratene Bratwürste
6 kleine Essiggurken
1 rote Paprika

Gebratene Würstchen und Essiggurken in Ringe schneiden. Paprika fein würfeln.

MEIN TIPP

Der Bratwurstsalat passt auch zum deftigen Buffet oder als Ergänzung zu knusprigen Bratkartoffeln.

DRESSING

4 EL Sonnenblumenöl
4 EL Weißweinessig
1 EL mittelscharfer Senf
Salz
Pfeffer
Zucker

Dressing aus Öl, Essig und Senf mit dem Schneebesen oder dem Pürierstab aufschlagen. Mit Salz, Pfeffer und Zucker abschmecken und über die Zutaten geben. Durchziehen lassen.

Bratwurstsalat in Gläser füllen und mit Laugenherz garnieren.

HERSTELLUNG OBATZTER

Für etwa 500 g

200 g weichen Camembert
200 g Frischkäse, natur
75 g weiche Butter
etwas Milch
1 TL Rosenpaprika (Pulver)
Salz
Pfeffer
wahlweise etwas Kümmel

Camembert in kleine Stücke schneiden und in eine Rührschüssel gegeben. Frischkäse und weiche Butter in kleinen Stücken dazu geben. Nun alles, am besten mit der Hand, zu einer sämigen Masse vermengen, bis vom Camembert nur noch kleine Stücke übrig sind. Sobald eine homogene Masse entstanden ist, kann auch ein Handrührgerät verwendet werden. Ist die Masse zu trocken, etwas Milch zugeben. Rosenpaprika, Salz, Pfeffer und wenn gewünscht Kümmel hinzugeben und abschmecken.

Obatzter in Gläser füllen und mit den Laugenchips garnieren.

HERSTELLUNG WEISSWURSTSPIESS MIT SENFPESTO

2 Stück Weißwürste
4 Radieschen
1 Stängel glatte Petersilie
Knotenspieße

Für etwa 500 g Senfpesto

150 ml Olivenöl
200 g Pinienkerne, geröstet
2 EL Petersilie, fein geschnitten
50 g Parmesan, gerieben
50 g süßer Senf
Saft einer Limette
Salz
Chiliflocken

Weißwürstchen pellen und in Ringe schneiden. Radieschen in Scheiben schneiden. Petersilie vom Stängel zupfen. Alle Zutaten abwechselnd auf Spieße stecken.

Zutaten für das Pesto in den Blitzhacker geben und zu einer cremigen Masse pürieren. Abschmecken. Pesto mit einem Teelöffel oder einem Spritzbeutel ohne Tülle in Gläschen füllen und pro Gläschen ein Weißwurstspieß darauf anrichten.

HERSTELLUNG LAUGENCHIPS

1 Zur Herstellung der Laugenchips verwendet man tiefgekühlte Laugenstangen, für die Garnitur etwas schwarzes Salz. Laugenstangen antauen lassen. Backblech mit Backpapier belegen.

2 Laugenstangen mit einem scharfen Messer in schräge etwa 0,5 cm dicke Scheiben schneiden. Scheiben auf Backpapier legen und mit schwarzem Salz bestreuen.

Chips bei 180 °C ca. 7 Minuten backen. Herausnehmen und einige Minuten abkühlen lassen.

1

2

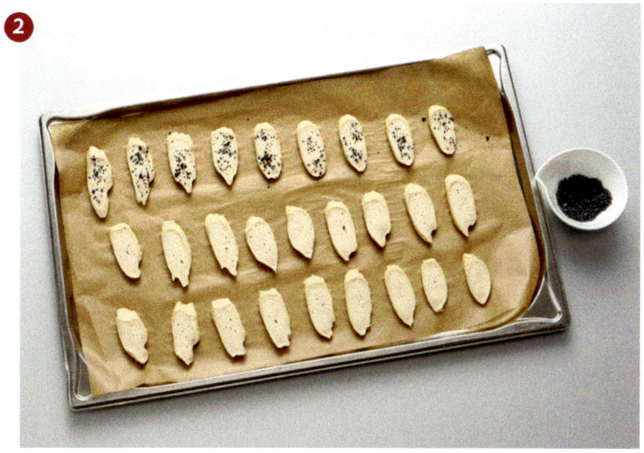

MINZ-GUACAMOLE MIT KNUSPRIGER POLENTA

Reden wir nicht lange um den heißen Brei herum: Der Maisbrei Namens „Polenta" ist unglaublich lecker und sehr vielseitig. Zur Zubereitung des sämigen Breis wird der Maisgrieß mit Wasser oder Milch gekocht oder in Form von Schnitten angebraten und anschließend mit Kräutern, Käse oder Gewürzen verfeinert. Polenta, in welcher Form auch immer, ist eine ideale Beilage zu Schmorgerichten, Ragouts oder Gulasch, aber auch als Suppeneinlage oder wie hier als knusprige Basis zum Dippen.

ZUSAMMENSETZUNG

In dieser Glasschale sind Spitztüten in schwarzen, rohen Linsen arrangiert. Diese sind mit Guacamole (Avocadocreme), blanchiertem Gemüse und Polentatropfen gefüllt.

- Als Teil eines Fingerfood-Buffets für ca. 9 Personen
- Sollte möglichst frisch angerichtet werden.
- Im Kühlhaus lagern (bei höchstens +7 °C)
- Einfach, geringer Warenwert
- Milch, Ei
- Alternativ veganes Rezept

MINZ-GUACAMOLE MIT KNUSPRIGER POLENTA

Für ca. 9 Personen

PLATTE

Holzbrett
Glassschale
Spitztüten

GRUNDPRODUKTE

ca. 500 g Guacamole
9 blanchierte Brokkoliröschen
9 blanchierte grüne Spargelspitzen
9 blanchierte Scheiben von der Karotte
9 ausgestochene Polantatropfen

HERSTELLUNG MINZ-GUACAMOLE

Für etwa 500 g

450 g reife Avocados
2 EL Limettensaft
3 Stück Frühlingszwiebeln
1 Bund Minze
Salz
Pfeffer
Tabasco

Avocados halbieren, den Stein entfernen und das Fruchtfleisch aus der Schale lösen. Fruchtfleisch mit dem Blitzhacker fein pürieren. Limettensaft dazugeben. Frühlingszwiebeln und Minzblättchen sehr fein hacken und mit in den Blitzhacker geben. Masse gut durchmixen und mit Salz, Pfeffer und Tabasco abschmecken.

MEIN TIPP

Avocados sollten reif und weich sein, wenn man sie zu Guacamole verarbeiten möchte. Um die Reifung von harten Avocados zu beschleunigen, können sie neben Äpfeln gelagert werden.

HERSTELLUNG POLENTA

Für etwa 500 g

300 ml Milch
1 EL Butter
Salz
Weißer Pfeffer
geriebene Muskatnuss
120 g Polenta Grieß
4 EL ital. Hartkäse, (z.B. Grana Padano)
2 Eigelb, (Kl. M)
2 EL Sonnenblumenöl

Milch, Butter, etwas Salz und geriebene Muskatnuss aufkochen. Polentagrieß unter ständigem Rühren einrieseln lassen und bei milder Hitze 10 Minuten quellen lassen. Hartkäse (z.B. Grana Padano) fein reiben, mit dem Eigelb unterrühren. Die Polenta mit einem Schneebesen einrühren, einmal aufkochen lassen, Herd ausschalten und die Polenta ca. 10 Minuten ausquellen lassen. Hierbei häufig rühren. Mit Salz und weißem Pfeffer abschmecken.

Eine rechteckige Form (ca. 25×25 cm) leicht einölen, dann die gequollene Polenta hinein- geben und glatt streichen. In der Form komplett auskühlen lassen, das dauert mindestens 1 Stunde (am besten jedoch über Nacht).

Die feste, ausgekühlte Polenta auf ein Brett stürzen und Tropfen (oder andere Formen) ausstechen. In einer großen beschichteten Pfanne das Öl erhitzen und die Scheiben bei mittlerer Hitze von jeder Seite ca. 5 Minuten knusprig goldbraun braten.

GOURMETSPIESSE

Für ca. 5 Personen

HERSTELLUNG VEGANE POLENTA

Für etwa 500 g

300 ml Gemüsebrühe
1 TL Kräutersalz
Pfeffer
frische Muskatnuss
4 EL Hefeflocken
2 EL Pflanzenmargarine
140 g Maisgrieß (Polenta)
Öl

Gemüsebrühe in einen Topf geben, Kräutersalz, Pfeffer, Muskatnuss, Hefeflocken und Margarine dazugeben und alles aufkochen.

Die Polenta mit einem Schneebesen einrühren, einmal aufkochen lassen, Herd ausschalten und ca. 10 Minuten ausquellen lassen. Hierbei häufig rühren.

Eine rechteckige Form (ca. 25 × 25 cm) leicht einölen, dann die gequollene Polenta hinein geben und glatt streichen. In der Form komplett auskühlen lassen, das dauert mindestens eine Stunde (am besten jedoch über Nacht).

Die feste, ausgekühlte Polenta auf ein Brett stürzen und als Tropfen (oder andere Formen) ausstechen. In einer großen beschichteten Pfanne das Öl erhitzen und die Scheiben bei mittlerer Hitze von jeder Seite ca. 5 Minuten knusprig goldbraun braten.

AUSGARNIEREN

Spitztüten in eine mit Linsen gefüllte Schale stecken. Anstelle der Linsen können auch Reis, grobes Salz oder bunte Pfefferkörner verwendet werden. Minz-Guacamole in einen Spritzbeutel mit Lochtülle füllen und in die Spitztüten spritzen. Polentatropfen und Gemüse auf der Guacamole anrichten.

PLATTE

Ovale Schale, elfenbeinfarben, 46,5 x 24 x 13,5 cm

GRUNDPRODUKTE

10 Garnelen, black Tiger
10 Cantaloupemelonenbällchen (frisch, TK, Dose oder Convenience)
10 Minzblätter
5 Himbeeren
5 Brombeeren
10 Scheiben gegrillte Entenbrust
10 mit Pesto marinierte Mini-Mozzarella
10 Blätter Basilikum
10 gelbe Cocktailtomaten

HERSTELLUNG PLATTE

Die Spieße bekommen Halt durch grobkörniges Salz. Anstelle von Salz können Reis, Linsen oder bunte Pfefferkörner in die Schale gefüllt werden.

Für den Garnelenspieß werden abwechselnd gegrillte Garnelen, Melonenbällchen und frische Minzblätter auf den Flaggenspieß gesteckt.

Der Länge nach aufgeschnittene, gegrillte Entenbrust wellenförmig, abwechselnd mit Brombeeren und Himbeeren auf Flaggenspieße stecken.

Mini-Mozzarella-Kugeln mit frischem Basilikumblatt und gelber Cocktailtomate abwechselnd auf Flaggenspieße stecken.

ANRICHTEN

Spieße, nach Gruppen sortiert und im Salz feststecken.

GOURMETSPIESSE

Ob edel belegte Häppchen, Canapés oder Schnittchen, ob Food im Glas, herzhafte Snacks oder Spieße. Leckereien im kleinen Format erfreuen die Sinne, fördern die Kommunikation und liegen voll im Trend.

ZUSAMMENSETZUNG

In dieser Schale sind 3 verschiedene Spieße angerichtet: Cocktailgarnelen-Melonenbällchen-Minze-Spieße, gegrillte Entenbrust-Brombeer-Himbeer-Spieße, marinierte Mini-Mozzarella-Basilikum-gelbe Cocktailtomaten-Spieße.

- Fingerfood für ca. 5 Personen oder Teil einer Fingerfood-Buffets
- Kann maximal einen Tag vor Auslieferung zubereitet werden, gut abdecken
- Im Kühlhaus lagern (bei höchstens +7 °C)
- Einfache Herstllung, hoher Warenwert
- Milch, Krebstiere, Pinienkerne

VERRINES

Neben dem klassischen Fingerfood, für das man kein Besteck benötigt, liegen Snacks in kleinen Gläschen im Trend. Diese Variante für Fingerfood kommt aus Frankreich und nennt sich „Verrines", was übersetzt „das Gläschen" heißt. Damit erweitert sich die Palette für Fingerfood um Süppchen, Salate und Cremes und andere interessante Kombinationen.

ZUSAMMENSETZUNG

Diese Platte setzt sich aus 4 unterschiedlichen Mini-Portionen zusammen:
Grünschalenmuscheln auf Tomatensalsa, frittierte Teigtaschen mit süß-saurer Soße, Tortellini mit Frischkäse und Lachsschinken sowie Grünkernsalat mit Avocadocreme und Paprikahumus.

- Als Teil eines Fingerfoodbuffets für ca. 5 Personen
- Kann zum Teil einen Tag vor Auslieferung zubereitet werden, gut abdecken
- Im Kühlhaus lagern (bei höchstens +7 °C)
- Mittlerer Warenwert
- Grünkern, Weizen, Milch, Weichtiere

VERRINES

Für ca. 5 Personen

PLATTE

Runde Etagere, massiver Edelstahl
Einwegschälchen
Mini-Gabel, glasklar
Mini-Gläschen

GRUNDPRODUKTE

3 Grünschalenmuscheln
3 EL scharfe Tomatensalsa
5 Teigtaschen Sacocotti funghi (Fertigprodukt)
5 EL süß-saure Asiasoße (Fertigprodukt aus der Flasche)
5 Tortellini mit Frischkäsefüllung (Fertigprodukt)
5 EL Frischkäse, natur
5 Scheiben Lachsschinken
ca. 200 g Grünkernsalat
ca. 200 g Paprika-Hummus
ca. 200 g Avocadocreme

HERSTELLUNG SCHARFE TOMATENSALSA MIT GRÜNSCHALEN-MUSCHELN

Für etwa 500 g

3 große Fleischtomaten (ca. 400 g)
1 Schalotte
etwas roten Chili
4 EL Olivenöl
Saft von zwei Limetten
Salz
Pfeffer
Zucker

Tomaten häuten, Kerne rausnehmen und Fruchtfleisch klein würfeln. Schalotte sehr fein würfeln und mit der fein geschnittenen Chilischote zu den Tomatenwürfeln geben. Limettensaft und Olivenöl cremig aufschlagen und unterrühren. Kräftig abschmecken.

Grünschalenmuscheln auftauen und kalt abspülen. Fleisch aus der Schale lösen und wieder in die Schale setzen. Je einen Löffel Tomatensalsa in ein Schälchen geben und die Muschel darauf anrichten.

HERSTELLUNG FRITTIERTE TEIGTASCHEN

Teigtaschen frittieren und auf Küchenkrepp abtropfen lassen. Ein Spießchen durchstecken. Je einen Löffel süß-saure Asiasoße in ein Schälchen geben und die Teigtasche darauf anrichten.

HERSTELLUNG TORTELLINI

Tortellini mit Frischkäsefüllung in kräftig gesalzenem, kochendem Wasser garen, herausnehmen und auf Küchenkrepp abtropfen lassen. Frischkäse in einen Spritzbeutel mit mittlerer Sterntülle füllen und in jedes Schälchen einen Tupfer spritzen. Tortellini und eine kleine Scheibe Lachsschinken darauf anrichten. Mit Brokkoliröschen und gelber Cocktailtomate garnieren. Mit einer Mini-Gabel anrichten.

HERSTELLUNG PAPRIKAHUMMUS MIT GRÜNKERNSALAT UND AVOCADOCREME

Für etwa 500 g Paprikahumus

2 kleine rote Paprika
1 Knoblauchzehe
300 g Kichererbsen aus der Dose
3 EL Olivenöl
Saft von 1 Zitrone
Salz
Pfeffer
Kreuzkümmel, gemahlen

Paprika halbieren, putzen, waschen und mit der Hautseite nach oben auf ein mit Backpapier belegtes Blech legen.
Im vorgeheizten Backofen bei 200 °C 20–30 Minuten rösten,

bis die Haut bräunt. Kichererbsen in ein Sieb geben, unter kaltem Wasser abspülen und gut abtropfen lassen. Paprikaschoten aus dem Backofen nehmen, mit Folie bedecken und ca. 15 Minuten ruhen lassen. Haut der Paprikaschoten abziehen. Gehäutete Paprika, Olivenöl, Kichererbsen, Zitronensaft und Knoblauch pürieren und mit Salz, Pfeffer und Kreuzkümmel abschmecken.

Für etwa 500 g Grünkernsalat

250 g Grünkern, über Nacht eingeweicht
50 g schwarze Linsen
50 g rote Linsen
100 g Paprika, rot
100 g Paprika, grün
5 EL Olivenöl
etwas Knoblauch
Saft von 1 Zitrone
etwas Chili
Salz
Pfeffer

Grünkern und Linsen abseihen. Getrennt voneinander bissfest garen. Paprika sehr fein würfeln. Aus Olivenöl, Zitronensaft, Knoblauch und Chili ein sämiges Dressing zubereiten. Gekochten Grünkern, Linsen und Paprikawürfel mischen. Dressing dazugeben und durchziehen lassen.

Für etwa 500 g Avocadocreme

2–3 Avocados (gut 400 g Fruchtfleisch)
Saft von 2 Limetten
3 Schalotten
2 Zehen Knoblauch
50 EL Olivenöl
Salz
Pfeffer

Avocados halbieren und den Kern entnehmen. Fruchtfleisch mit Limettensaft beträufeln. Schalotten und Knoblauch würfeln und im Blitzhacker sehr fein zerkleinern. Avocadofruchtfleisch dazugeben und alles fein pürieren. Olivenöl zugeben und unterrühren. Mit Salz und Pfeffer abschmecken.

Paprika-Hummus und Avocadocreme jeweils in einen Spritzbeutel mit glatter Lochtülle geben.

Eine Portion Paprikahummus in das Gläschen spritzen. Grünkernsalat darauf verteilen.

Avocadocreme aufspritzen. Restlichen Grünkernsalat darauf verteilen.

ANRICHTEN

Die Schälchen und Gläser nach Sorten getrennt auf die Etagere stellen.

MEIN TIPP

Etageren eignen sich sehr gut, um relativ viel Ware auf kleinem Raum z. B. auf einem Stehtisch ansprechend zu präsentieren.

FISCH & MEERES-FRÜCHTE

FISCH-TORTELETTS

Diese Appetizer sind genau so groß, dass man sie mit einem Bissen vernaschen kann. Knuspriger Teig mit cremiger Füllung und schmackhaftem Fisch als Topping sind die ideale Kombination zu eisgekühltem Champagner, trockenem Sekt oder kühlem Weißwein.

ZUSAMMENSETZUNG

Auf diesen Platten befinden sich 3 verschiedene Torteletts mit unterschiedlichen Cremes gefüllt. Das Topping besteht aus Forellenkaviar, Lachswürfelchen und Garnelen.

- Als Amuse-Gueule für ca. 6 Personen (man rechnet ca. 3 Stück pro Person)
- Die Cremes können 1 bis 2 Tage im Voraus zubereitet werden. In die Torteletts sollten diese erst kurz vor dem Servieren gefüllt werden. So bleibt die Knusprigkeit erhalten.
- Im Kühlhaus lagern (bei höchstens +7 °C)
- Einfache Herstellung, mittlerer Warenwert
- Weizen, Milch, Ei, Senf, Sesam, Sellerie, Fisch, Krebstiere

FISCH-TORTELETTS

Für ca. 6 Personen

PLATTE

Porzellanplatte mit strukturierter Oberfläche, rechteckig

GRUNDPRODUKTE

6 Veggi Cups Rote Beete (Fertigprodukt)
6 Veggi Cups Spinat (Fertigprodukt)
6 Veggi Cups Sellerie (Fertigprodukt)
120 g Eiercreme
120 g Meerrettichfrischkäse
120 g Avocadocreme
2 TL Forellenkaviar
60 g Räucherlachs
6 Stück gegrillte Garnelen

GARNITUR

schwarzer Sesam
bunter Pfeffer
Zesten von der Limette
etwas Dill
Streifen von der Cocktailtomate

HERSTELLUNG EIERCREME

Für etwa 500 g

10 Eier (Freiland oder Bio)
150 g Mayonnaise
150 g Crème fraîche
3 TL Senf
2 Msp. Paprikapulver, rosenscharf
Salz
Pfeffer
1 TL Zitronensaft

Eier hart kochen, abschrecken und pellen. Eier halbieren, Dotter herausnehmen und durch ein feines Haarsieb in eine Schüssel streichen. Eigelb mit Mayonnaise, Crème fraîche, Senf, Paprikapulver, Salz, Pfeffer und Zitronensaft verrühren. Anschließend abschmecken. Das Eiweiß anderweitig verwenden, z. B. für Eiersalat.

HERSTELLUNG MEERRETTICHFRISCHKÄSE

Für etwa 500 g

500 g Frischkäse, natur
2 EL Gemüsemeerrettich (aus dem Glas)
Saft einer halben Zitrone
2 EL Sahne
eine Prise Zucker

Alle Zutaten mit dem Mixer zu einer cremigen Masse verrühren und anschließend abschmecken.

HERSTELLUNG AVOCADOCREME

Für etwa 500 g

2–3 Avocados (ca. 400 g Fruchtfleisch)
Saft von 2 Limetten
3 Schalotten
2 Zehen Knoblauch
50 EL Olivenöl
Salz
Pfeffer

Avocados halbieren, und den Kern entnehmen. Fruchtfleisch mit Limettensaft beträufeln.

Schalotten und Knoblauch würfeln und im Blitzhacker sehr fein zerkleinern. Avocadofruchtfleisch dazugeben und alles fein pürieren. Olivenöl einfließen lassen und unterrühren. Mit Salz und Pfeffer abschmecken.

HERSTELLUNG PLATTEN

Eiermasse in einen Spritzbeutel mit großer Sterntülle geben und in die Veggi Cups, Geschmacksrichtung Rote Beete, spritzen. Forellenkaviar aufsetzen und mit schwarzem Sesam garnieren.

Meerrettichfrischkäse in einen Spritzbeutel mit Sterntülle füllen und in die Veggi Cups, Geschmacksrichtung Spinat, spritzen. Räucherlachs fein würfeln und auf den Frischkäse-rosetten anrichten. Mit buntem Pfeffer und Zesten von der Limette garnieren.

Avocadocreme in einen Spritzbeulen mit glatter Tülle füllen und in die Veggi Cups, Geschmacksrichtung Sellerie, dressieren. Jeweils eine gegrillte Garnele darauf anrichten. Mit Dillspitzen und einer schmalen Spalte der Cocktailtomate garnieren.

AUSGARNIEREN

Gefüllte Torteletts auf den Platten arrangieren.

TAPAS MIT FISCH

Als Tapas bezeichnet man die köstlichen Kleinigkeiten, die vor allem in Regionen rund um das Mittelmeer in den Bars gereicht werden. Neben den berühmten „Gambas al ajillo" (Garnelen in Knoblauch), lassen sich aus Fisch aber auch etliche andere Tapas-Variationen zubereiten.

ZUSAMMENSETZUNG

Dieses Arrangement ist zusammengestellt aus 4 verschiedenen Fischspezialitäten:
Lachsfrischkäse mit Fischpraline, Matjeswickel mit Spinat, Ananas mit Lachs und Pumpernickel sowie gewürzte Stremellachspralinen.

- Als Fingerfood für ca. 3 Personen
- Kann maximal einen Tag vor Auslieferung zubereitet werden, gut abdecken
- Im Kühlhaus lagern (bei höchstens +7 °C)
- Einfache Herstellung, schnell zubereitet
- Roggen, Milch, Fisch

TAPAS MIT FISCH

Für ca. 3 Personen

PLATTE

Büffetglasplatte 80 x 21cm
schwarze Keramikplatte
Snack-Löffel
Snack-Schälchen mit Wachspapier mit Zeitungsdruck
Mini-Einweg-Gabeln

PRODUKTE LACHS-FRISCHKÄSE-CREME MIT FISCHPRALINE

ca. 150 g Frischkäse, natur
2 EL flüssige Sahne
ca. 50 g Räucherlachs
1 TL Gemüsemeerrettich (aus dem Glas)
eine Prise Zucker
Dill
Schnittlauch
Schwarzer Kümmel

3 Fischpralinen, Heilbutt mit Sesam (Fertigprodukt)

HERSTELLUNG LACHS-FRISCHKÄSE-CREME MIT FISCHPRALINE

Für die Lachsfrischkäsecreme den Frischkäse mit der flüssigen Sahne in die Moulinette geben. Den Lachs und den Meerrettich dazugeben und alles zu einer feinen Masse pürieren. Mit Zitronensaft und Zucker abschmecken und in einen Spritzbeutel mit großer Sterntülle füllen. Auf jeden Löffel eine Rosette der Lachsfrischkäsecreme spritzen. Die Heilbuttpralinen teilen und je Löffel eine halbe Praline auf der Lachskäsecreme anrichten.

Mit Dill, Schnittlauch und schwarzem Kümmel garnieren.

PRODUKTE MATJESWICKEL

3 Stück Friesische Tapas, Matjeswickel mit Spinat (Fertigprodukt)
Scheiben von der Salatgurke

ANRICHTEN MATJESWICKEL

Von der Salatgurke 3 Scheiben mit ca. ½ cm Dicke abschneiden. Die Matjeswickel daraufsetzen und auf der Platte anrichten.

PRODUKTE ANANAS-LACHS-PUMPERNICKEL

3 Stück Ananas-Lachs-Pumpernickel (Fertigprodukt)

ANRICHTEN ANANAS-LACHS-PUMPERNICKEL

In die Pumpernickelwürfel mit Lachs und Ananas eine Mini-Gabel stecken und auf der Platte anrichten.

PRODUKTE SCHÄLCHEN MIT LACHSPRALINE

3 Stück Stremellachs-Pralinen, geräuchert und gewürzt (Fertigprodukt)
100 g Meerrettichfrischkäse (Rezept siehe Seite 104)
Friséesalat

HERSTELLUNG SCHÄLCHEN MIT LACHSPRALINE

In die Schälchen jeweils eine Spitze vom Wachspapier mit Zeitungsdruck stecken.

Den Meerrettichfrischkäse in einen Spritzbeutel mit Sterntülle füllen und in jedes Schälchen einen Tupfer spritzen. Eine gewürzte Lachspraline pro Schälchen darauf anrichten. Mit Friséesalat garnieren und auf die Platte stellen.

SPRITZEN MIT TÜLLE

Das Arbeiten mit dem Spritzbeutel erleichtert viele Vorgänge beim Anrichten und Garnieren. Der Einwegspritzbeutel kann gut verschlossen zur Aufbewahrung verwendet werden. Beim Einfüllen der Masse in einen Spritzbeutel ist darauf zu achten, dass der obere Rand großzügig umgeklappt wird. So bleibt er sauber und kann gut zugedreht werden. Ein Spritzbeutelständer ist eine praktische Hilfe beim Einfüllen. Ist diese nicht vorhanden, hält man den Beutel mit umgeklappter Krempe in der einen Hand und füllt mit der zweiten Hand ein. Dabei ist darauf zu achten, dass die Füllung möglichst ohne Luft hinein gegeben wird. Nach dem Verschließen „staucht" man den Beutel, um unnötige Luft herauszulassen.

1 Sehr gut zum Spritzen von Rosetten, Bordüren, Tupfern und Linien eignet sich Frischkäse. Er bleibt relativ lange stabil und passt zu vielen Geschmacksrichtungen. Für Blütenblätter und Bordüren verwendet man eine Blatttülle.

2 Tupfen und Rosetten lassen sich am besten mit Stern- oder Rosettentüllen aufspritzen. Diese gibt es in unterschiedlichen Größen. So kann vom Mini-Tupfer beispielsweise für Canapés bis zu üppigen Rosetten, die sich für Dessertgarnituren eignen, die richtige Größe ausgewählt werden.

3 Sterntüllen gibt es fein gezackt, gedreht oder mit großen Zacken. Für exakte Konturen eignen sich Tüllen aus Edelstahl am besten. Sie sind zudem spülmaschinenfest und rostfrei.

1

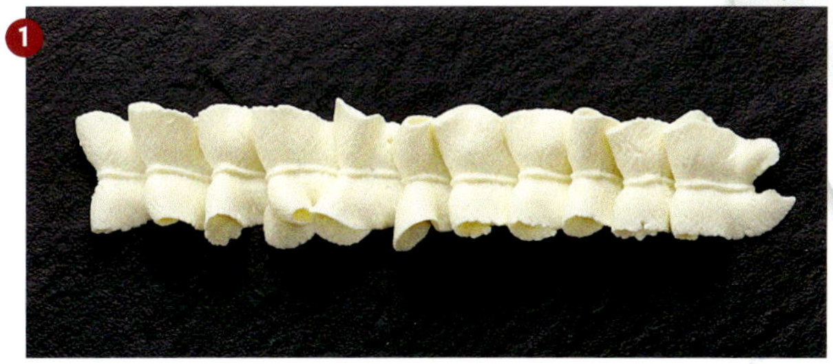

2

3

FISCH-CANAPÉS

Diese besonderen Fisch-Canapés passen hervorragend zu einem gelungenen Stehempfang. Canapés sind – im Gegensatz zum Häppchen oder Schnittchen – ausgestochene Brotscheiben, die so klein sind, dass sie leicht in einem oder zwei Bissen zu essen sind.

ZUSAMMENSETZUNG

Auf dieser Platte werden folgende Canapés präsentiert: mit Frischkäse gefülltes Tramezzinibrot belegt mit Räucherlachs, Fjordforellenfilet, Garnelen, Graved-Lachs.

- Zum Sektempfang für ca. 4 Personen (man rechnet ca. 3 bis 5 Teilchen pro Person)
- Muss frisch zubereitet werden
- Im Kühlhaus lagern (bei höchstens +7 °C)
- Aufwendig, viele Produkte, hoher Warenwert
- Weizen, Milch, Ei, Fisch, Krebstiere

FISCH-CANAPÉS

Für ca. 4 Personen

PLATTE

Silbertablett kombiniert mit 2 Glasplatten

GRUNDPRODUKTE

Tramezzinibrot mit Spinat
Tramezzinibrot mit Tomate
100 g Frischkäse, natur
4 Scheiben Räucherlachs
¼ Forellenfilet, geräuchert
4 Stück Garnelen, geräuchert
4 Scheiben Graved-Lachs, geschnitten

GARNITUR

einige Blätter Lollo bianco
einige Blätter Lollo rosso
1 TL Kaviar
1 Zweig Dill
ca. 100 g Kräuterfrischkäse (Fertigprodukt)
4 grüne Spargelspitzen
1 TL Forellenkaviar
ca. 100 g Meerrettichfrischkäse (Fertigprodukt oder Rezept Seite 104)
1 Stück gekochtes Ei
4 Stück gelbe Tomaten
etwas Schnittlauch
4 Scheiben Rettich
etwas glatte Petersilie

HERSTELLUNG TRAMEZZINI

Spinat-Tramezzini mit Frischkäse bestreichen. Tomaten-Tramezzini auflegen und etwas andrücken. 16 Kreise ausstechen.

HERSTELLUNG RÄUCHERLACHS-CANAPÉS

Meerrettichfrischkäse in einen Spritzbeutel mit kleiner Sterntülle füllen und auf die rechte Hälfte von 4 ausgestochenen Tramezzinischeiben einen Halbkreis spritzen. Links etwas Lollo bianco platzieren. Jeweils eine einmal gefächerte Scheibe Räucherlachs auflegen. Einen Tupfer Frischkäse aufsetzen und mit schwarzem Kaviar und Dill garnieren.

HERSTELLUNG FORELLEN-CANAPÉS

Kräuterfrischkäse in einen Spritzbeutel mit kleiner Sterntülle füllen und auf 4 ausgestochene Tramezzinibrote jeweils einen Kreis spritzen. An die obere Seite etwas Lollo rosso legen. Forellenfilet in mundgerechte Stücke schneiden und versetzt darauf anrichten. Mit grüner Spargelspitze und Forellenkaviar garnieren.

HERSTELLUNG GARNELEN-CANAPÉS

Gekochtes Ei mit dem Ei-Achtler teilen und jeweils 2 Hälften am oberen Rand von 4 Tramezzinibroten entgegengesetzt auflegen. Meerrettichfrischkäse in einen Spritzbeutel mit kleiner Sterntülle füllen und zwischen die beiden Eierhälften spritzen. Garnele der Länge nach halbieren und die beiden Hälften gegenüberliegend auf dem Brot aufsetzen. Für jedes Canapé eine Tomatenrose aus einer gelben Cocktailtomate schneiden und zwischen den beiden Garnelenhälften platzieren. Mit Schnittlauchspitzen garnieren.

HERSTELLUNG GRAVED-LACHS-CANAPÉS

Graved-Lachs mit dem gleichen Ausstecher ausstechen, der für das gefüllte Tramezzinibrot verwendet wurde. Lachs auflegen. Blüten aus einer mit der Aufschnittmaschine geschnittenen Rettischscheibe ausstechen. Ein kleines Stück Blattpetersilie mittig auf den Lachs legen und die ausgestochene Blüte auflegen.

AUSGARNIEREN

Die fertig garnierten Canapés in gleichmäßigen Abständen auf den Platten anrichten.

MEIN TIPP

Klassisch und modern, so kann den guten „alten" Silberplatten zu neuem Glanz verholfen werden. Hier sind sie als edler Untergrund für 2 schlichte Glasplatten zum Einsatz gekommen.

HERSTELLUNG VON TOMATENROSEN

Es gibt immer wieder Gelegenheiten bei denen die Tomatenrose eine passende Garnitur ist. Insbesondere die Minirosen aus roten, gelben oder gesprenkelten Tomaten kommen gut an.

1. Mit dem Schälen am Stilansatz der Tomate beginnen.
2. Möglichst gleichmäßig, nicht zu dünn sollte die Schale mit dem Messer oder dem Sparschäler abgeschält werden. Damit der Schalenstrang nicht so leicht reißt, achtet man darauf, dass die abgeschälte Hälfte auf dem Brett aufliegt.
3. Mit dem Ende, das zum Schluss abgeschält wurde, beginnt man die Rose zusammenzudrehen. Das geschieht locker zwischen 2 Fingern. Zum Schluss die Rose umdrehen und platzieren.

1

2

3

FISCH-SALATE

Neben dem klassischen Krabbencocktail, der mit Früchten und Cocktailsoße zubereitet wird, gibt es interessante Alternativen. Ob herzhafte Nordseekrabben, asiatisch angehauchter Gasnudelsalat oder Lachstatar mit Avocado – diese Varianten finden Anklang.

ZUSAMMENSETZUNG

Diese Platte setzt sich aus 3 Fischsalaten zusammen: Nordseekrabbensalat mit Austernbrot, Glasnudelsalat mit geräucherter Garnele, Lachstatar auf Avocadocreme.

- Als Teil einer Vorspeise für ca. 10 Gäste (man rechnet ca. 2 Gläschen pro Person)
- Kann maximal einen Tag vor Auslieferung zubereitet werden, gut abdecken
- Im Kühlhaus lagern (bei höchstens +7 °C)
- Aufwendig, viele verschiedene Produkte
- Roggen, Milch, Sesam, Fisch, Krebstiere

FISCH-SALATE

Für ca. 10 Personen

PLATTE

Buffetbrücken
Glas (links und rechts), 0,1 l, D 5 cm / H 8,6 cm
Dessertglas (Mitte) 0,08 l, D 7 cm / H 10 cm
Bambusspieße

GRUNDPRODUKTE NORDSEEKRABBENSALAT

¼ Kopf Endiviensalat
ca. 250 g Nordseekrabben
ca. 250 g Nordseekrabbensalat (Fertigprodukt)

GRUNDPRODUKTE GLASNUDELSALAT

100 g Glasnudeln
Salzwasser
½ rote, gelbe und grüne Paprikaschoten
3 EL geröstetes Sesamöl
Saft von 2 Limetten
etwas Chili, gemahlen
etwas Ingwer, gemahlen
etwas Knoblauchgrieß
Pfeffer
6 Stück Garnelen, geräuchert
6 Bambusspieße

GRUNDPRODUKTE LACHSTATAR MIT AVOCADOCREME

300 g Lachstatar aus Räucherlachs
300 g Avocadocreme (Rezept siehe Seite 19)
200 g Meerrettichfrischkäse (Rezept siehe Seite 104)

GARNITUR

Austernbrot
Dill
Schnittlauch
Zitronenpfeffer

HERSTELLUNG NORDSEEKRABBENSALAT

Den Endiviensalat fein schneiden und in die Gläser füllen.

In jedes Glas ca. 40 g Nordseekrabben geben.

Auf den Krabben, auch ca. 40 g je Glas, den Nordseekrabbensalat anrichten.

AUSGARNIEREN

Auf den Salat einen Dillzweig und eine schräg geschnittene Scheibe Austernbrot setzen (Herstellung Austernbrot siehe Seite 118).

HERSTELLUNG GLASNUDELSALAT

Die Glasnudeln in eine Schüssel geben und mit reichlich kochendem Salzwasser übergießen. Die Nudeln ca. 10 Minuten darin ziehen lassen. Anschließend in ein Sieb schütten und gut abtropfen lassen. Die Nudeln mit der Küchenschere klein schneiden (Anleitung siehe Seite 119).

Die Paprikaschoten klein würfeln.

Sesamöl, Limettensaft, Chilis, Ingwer, Knoblauchgrieß und Pfeffer in einer Schüssel verrühren und mit den Nudeln und der Paprika vermischen. Glasnudelsalat durchziehen lassen und gleichmäßig in die Gläser füllen.

AUSGARNIEREN

Je eine Garnelen auf einen Spieß stecken und auf dem Salat anrichten.

HERSTELLUNG LACHSTATAR MIT AVOCADOCREME

Die Avocadocreme in einen Spritzbeutel ohne Tülle füllen und in die Gläser verteilen.

Den Räucherlachs fein würfeln. Das Lachstatar mit Zitronenpfeffer würzen und auf der Avocadocreme anrichten. Einen Esslöffel des Lachstatars für die Garnitur aufheben.

Den Meerrettichfrischkäse in einen Spritzbeutel mit Sterntülle füllen. Dann pro Gläschen jeweils eine Rosette auf das Lachstatar spritzen.

AUSGARNIEREN

Mit Schnittlauchröllchen und dem restlichen Lachstatar garnieren.

HERSTELLUNG AUSTERNBROT

1 Packung Pumpernickel in Scheiben, 250 g
1 Stück Butter, 250 g

❶ Die Butter mit der großen Seite an die Aufschnittmaschine legen und ca. 0,5 cm dicke Scheiben schneiden. Die Pumpernickelscheiben dünn mit weicher Butter bestreichen. Jeweils 1½ Scheiben Butter darauflegen und andrücken. Je nach gewünschter Dicke des späteren Austernbrots weitere Lagen schichten.

❷ Das geschichtete Brot in einen Vakuumbeutel legen und das Vakuum ziehen, so halten die Scheiben fest zusammen. Anschließend aus dem Vakuumbeutel nehmen und wie gewünscht zuschneiden.

❸ Das Austernbrot kann in verschiedene Formen geschnitten werden. Es passt sehr gut zu Fisch und Käse. Typischerweise findet man es oft zu Austern serviert, daher auch der Name.

MEIN TIPP

Das Austernbrot hält sich im Kühlhaus kann aber auch gut tiefgefroren werden. Vor dem Tiefgefrieren sollte man allerdings die gewünschten Ornamente zuschneiden.

GLASNUDELN VERARBEITEN

1 Glasnudeln sind eine nudelartige Beilage aus der ostasiatischen Küche. Sie sind sehr dünn und im essbaren Zustand fast durchsichtig.

Echte Glasnudeln werden nur aus Mungbohnenstärke und Wasser hergestellt. Darum ist ihre Konsistenz sehr viel feiner als die von gewöhnlichen Nudeln.

2 Um Glasnudeln zuzubereiten benötigt man eine große Schüssel, kochendes Salzwasser, ein Sieb, eine Gabel und am besten eine Schere mit der man Lebensmittel schneiden kann.

3 Die starren Nudeln werden mit kochendem Wasser übergossen und dann mit der Gabel so lange durch das Wasser gezogen bis sie geschmeidig sind. Nudeln über einem Sieb abgießen und mit der Schere klein schneiden. Jetzt können die Nudeln weiterverarbeitet werden.

MEIN TIPP

Frittierte Glasnudeln sehen als Garnitur interessant aus. Hierfür werden die trockenen Glasnudeln in heißem Öl frittiert bis sie sich „locken". Dekorbeispiel siehe Seite 139.

EDELFISCHPLATTE

Die Auswahl an Fischspezialitäten ist groß. Bieten Sie neben unterschiedlich verfeinerten Lachsspezialitäten auch herzhafte Sprotten, zartes Aalfilet, Fischpasteten und Fischpralinen an. Diese Produkte können sehr gut zugekauft werden.

ZUSAMMENSETZUNG

Diese Platte setzt sich aus 10 Fischspezialitäten zusammen:
Räucherlachs, Fischmarktaalfilet, Rotholzlachs, Sprotten, geräuchertes Fjordforellenfilet, Lachspralinen, Grappalachs, Rauchlocke, Geräucherte Garnelen, Fischpralinen.

- Als alleinige Vorspeise für ca. 18 bis 20 Personen
- Kann maximal einen Tag vor Auslieferung zubereitet werden, gut abdecken
- Im Kühlhaus lagern (bei höchstens +7 °C)
- Aufwendig, viele Produkte, hoher Warenwert
- Milch, Krebstiere, Weichtiere, Fisch

EDELFISCHPLATTE

Für ca. 18 bis 20 Personen

PLATTE

Buffetschale Glas, länglich, 96 x 29 cm, schwarzgrau

GRUNDPRODUKTE

15 Scheiben Räucherlachs, geschnitten
18 Scheiben von der Rauchlocke
15 Scheiben Grappalachs, geschnitten
8 Stück Lachspralinen
13 Scheiben Fjordforellenfilet, geräuchert
15 Stück Sprotten
11 Scheiben Rotholzlachs, geschnitten
18 Scheiben vom Fischmarktaalfilet
12 Stück Garnelen, geräuchert
5 Stück Fischpralinen

GARNITUR

große Butter-Seerosen
kleine Butter-Seerosen
Bund Dill

HERSTELLUNG PLATTE

Wenn die Schale relativ tief ist, wie in diesem Fall, sollte man einen Aspikspiegel unten in die Platte gießen. So „versinkt" die Ware nicht und kommt gut zur Geltung. Zubereitung des Aspiks oder der Gelatine nach Packungsanweisung. Die warme Flüssigkeit in die Schale gießen, dann gut auskühlen lassen.

Vor dem Legen der Platte die Ware so sortieren, dass die Farben der Produkte und die Legetechniken variieren (Legetechniken siehe Seite 10 bis 13). In der Mitte der Platte ein wenig Platz für die spätere Garnitur lassen.

An der Spitze der Platte mit dem Legen des ersten Produkts beginnen. Hierfür die vorgeschnittenen Scheiben vom Räucherlachs zur Hälfte einklappen, so dass ein schöner, glatter Rand entsteht. Die umgeklappten Scheiben zweimal fächerartig falten. Auf diese Weise alle 15 Scheiben gleichmäßig links und rechts der Spitze anordnen.

Mit den spitz zugeschnittenen Scheiben des Fischmarktaales im Uhrzeigersinn fortfahren. Diese in 3 Reihen versetzt anrichten, so dass dieses Segment ca. bis zur Plattenmitte geht.

Den Rotholzlachs so legen, dass der dunkelrote Gewürzrand des Lachses gut zu sehen ist. Hierfür die Scheiben mit dem Rand nach oben zweimal fächerartig falten und ebenfalls in 3 Reihen versetzt anrichten.

Die goldgelben Sprotten dachziegelartig auflegen. Darauf achten, dass der Fischkopf gleichmäßig Richtung Plattenrand zeigt.

Die Scheiben des Fjordforellenfilets der Länge nach einklappen und neben den Sprotten in der Plattenspitze drapieren.

Die 8 Fischpralinen mit einem scharfen Messer in der Mitte durchschneiden. Die halbierten Pralinen, mit der Anschnittfläche nach oben, ziegelartig auflegen. Den geschnittenen Grappalachs locker falten und in drei Reihen anrichten.

Den Rest der Platte mit den Rauchlocken-Tranchen füllen.

Die geräucherten Garnelen eingefächert zwischen den Fjordforellenfilets und der Garnitur anrichten.

AUSGARNIEREN

Den Freiraum in der Mitte der Platte mit Dillzweigen füllen. Darauf 5 bis 10 Butterrosen setzen. Die Buttergarnitur durch 5 Fischpralinen auflockern.

HERSTELLUNG BUTTER-SEEROSEN

250 g Butter
Ausstechform Blatt, ca. 2,5 cm lang
schwarze Pfefferkörner
Eiswasser
Pinzette

1. Die Butter auf der Aufschnittmaschine in große, etwa 2 mm dicke Schieben schneiden. Aus den Scheiben Blätter ausstechen und in Eiswasser legen.

2. Die Rundung der ausgestochenen Blätter zusammendrücken, so dass eine Falte entsteht. Die ersten 3 gefalteten Butterblätter als Blütenknospen aneinanderlegen. Je nach gewünschter Größe der Blüte rundherum weitere Blütenblätter ansetzen und unten festdrücken.

3. Als Mittelpunkt ein schwarzes Pfefferkorn mit der Pinzette einsetzen und leicht festdrücken. Blüten in Eiswasser oder gut abgedeckt in einer Plastikdose bevorraten.

MEIN TIPP

Buttergarnituren benötigen meist wenig Material. Auch ist der Wareneinsatz günstig und das Ausgangsprodukt Butter fast immer verfügbar. Die Herstellung dieser Blumen können Sie leicht üben und gut vorbereiten. Gut abgedeckt halten sie im Kühlhaus so lange wie die Butter selbst.

1

2

3

VIELFALT VOM LACHS

Lachs ist bei vielen Gästen beliebt. Auf dieser Platte zeigt man, dass es neben dem klassischen Räucherlachs eine Vielfalt an Lachsspezialitäten gibt.

ZUSAMMENSETZUNG

Diese Platte setzt sich aus 6 Fischspezialitäten zusammen: Rotholzlachs, geräuchertes Fjordforellenfilet, Rotholzlachs-Rückenfilet, Grappalachsfilet, Räucherlachs, Räucherlachs-Rückenfilet im Norimantel.

- Als alleinige Vorspeise für ca. 12 Personen
- Kann maximal einen Tag vor Auslieferung zubereitet werden, gut abdecken
- Im Kühlhaus lagern (bei höchstens +7 °C)
- Aufwendig, hoher Warenwert
- Fisch

VIELFALT VOM LACHS

Für ca. 12 Personen

PLATTE

Runde Silberschale, flach, Ø 50 cm
Ersatzweise könnte hier eine Glas-, Spiegel- oder Porzellanplatte eingesetzt werden.

GRUNDPRODUKTE

12 Scheiben Rotholzlachs, geschnitten
19 Scheiben Fjordforellenfilet, geräuchert
15 Scheiben Rotholzlachs-Rückenfilet
12 Scheiben Grappalachsfilet
16 Scheiben Räucherlachs
12 Scheiben Räucherlachs-Rückenfilet im Norimantel

GARNITUR

Salatgurke
Kohlrabi
Frühlingszwiebeln
Bund Minze
Kohlrabiblätter

HERSTELLUNG PLATTE

Platte optisch in 6 gleich große Felder einteilen.

Oben in der Mitte mit dem geschnittenen Rotholzlachs beginnen. Scheiben zweimal fächern und in der Plattenmitte beginnend, auflegen. Abwechselnd links und rechts eine gefächerte Scheibe legen, bis das Feld ausgefüllt ist.

Im Uhrzeigersinn fortfahren und das nächste Feld mit den Scheiben vom geräucherten Fjordforellenfilet belegen. Diese Scheiben einmal der Länge falten. Die Scheiben nach dem gleichen Prinzip wie beim Rotholzlachs auflegen.

Nun die ca. ½ cm dick geschnittenen Scheiben vom Rotholzlachs-Rückenfilet fächerförmig auflegen.

Die erste Scheibe des Grappalachses liegt genau gegenüber der ersten Scheibe des Rotholzlachses vom ersten Segment. Der Grappalachs wird zweimal gefaltet.

Das vorletzte Segment, mit umgeschlagenen, doppelt gefächerten Scheiben vom Räucherlachs belegen.

Die glatt aufgelegten Scheiben vom Räucherlachs-Rückenfilet im Norimantel bringen Ruhe ins Gesamtbild.

AUSGARNIEREN

In der Mitte ist Platz für 3 Gurkenrosen. Mit ausgestochenen Blättern von der Kohlrabiknolle, frischen Minzblättern, angeschnittenen Frühlingszwiebeln und grünen Blättern der Kohlrabi ergänzen.

MEIN TIPP

Diese Platte besticht durch die „blütenartige" Legetechnik. Auf die gleiche Weise kann man Schinken-, Braten- oder auch Käseplatten legen. Auch die Garnitur passt zu vielen Geschmacksrichtungen.

HERSTELLUNG BLÄTTER AUS DER KOHLRABIKNOLLE

1 Kohlrabiknolle
Blatt-Ausstecher ca. 3 und 5 cm

1. Die Knolle mit dem Messer oder der Aufschnittmaschine, in ca. 0,5 cm dicke Scheiben schneiden.

2. Große und kleine Blätter ausstechen.

3. Anstatt Kohlrabi kann man auch Mairübchen, Rettich, Rote Bete oder Kürbis verwenden.

MEIN TIPP

Um ein Verfärben zu verhindern und die Haltbarkeit zu verlängern, die ausgestochenen Blätter mit Zitronensaft einpinseln oder in Wasser mit Fruchtweiß legen.

1

2

3

HERSTELLUNG GURKENROSEN

❶ Benötigt wird eine Salatgurke, Zahnstocher und ein Gemüse-Sparschäler.

❷ 2 lange, dünne Scheiben von einer Salatgurke (mit Schale) mit einem Sparschäler oder einer Aufschnittmaschine abschneiden.

❸ Den Anfang der ersten Scheibe zu einem Röllchen drehen. Das Röllchen mit der linken Hand festhalten und mit der rechten Hand die Scheibe so in sich drehen, dass die Schale einmal unten und einmal oben zu sehen ist.

4 Die so gedrehte Scheibe um das Röllchen legen. Für eine große Rose setzt man am Ende eine zweite Gurkenscheibe an, verdreht diese ebenfalls und legt sie herum.

4

5 Die Enden der Gurkenscheiben mit Zahnstochern feststecken. Die überstehenden Zahnstocher mit einer Schere bzw. Zange abzwicken.

5

MEIN TIPP

Diese Rose kann auch aus Rettich hergestellt werden. Am besten eignet sich diese Garnitur für Fleisch- oder Fischgerichte.

CARPACCIO VON LACHS UND PULPO

Räucherlachs muss nicht immer klassisch mit Sahnemeerrettich angeboten werden. Hier wird er mit Pulpo kombiniert und mit Orangenfilets angerichtet. Ein Dressing aus Olivenöl, Orangensaft und schwarzem Pfeffer macht das Carpaccio fruchtig-frisch.

ZUSAMMENSETZUNG

Diese Platte setzt sich aus 2 Fischspezialitäten zusammen: Salame di Pulpo und Räucherlachs.

- Als alleinige Vorspeise für ca. 8 Personen
- Am Tag der Auslieferung zubereiten – der Orangensaft weicht sonst den Fisch auf
- Im Kühlhaus lagern (bei höchstens +7 °C)
- Schnell zubereitet
- Weichtiere, Fische

CARPACCIO VON LACHS UND PULPO

Für ca. 8 Personen

PLATTE

tiefschwarzes Glastablett mit Rand, 51 x 35 cm

GRUNDPRODUKTE

28 Scheiben Salame di Pulpo
24 Scheiben Räucherlachs, geschnitten
5 unbehandelte Orangen

GARNITUR

unbehandelte Orangen
Bund Dill
Frühlingszwiebeln
bunter Pfeffer

DRESSING

5 EL Orangensaft
5 EL Olivenöl
1 Prise Salz
1 Prise Zucker
etwas bunter Pfeffer

HERSTELLUNG PLATTE

5 Orangen mit einem scharfen Messer so schälen, dass die weiße Haut komplett entfernt ist. Auf der Aufschnittmaschine in dünne Scheiben schneiden (bei dieser Platte ca. 30 Scheiben), dabei den Orangensaft für das Dressing auffangen. Die Orangenscheiben fächerförmig an den beiden Rändern der Platte anrichten. Salame di Pulpo ebenfalls in Scheiben schneiden und neben den Orangenscheiben auflegen. Die Räucherlachsscheiben werden zur Hälfte umgeklappt. Dann herzförmig zusammenfassen und in der Mitte der Platte in 2 Reihen drapieren.

HERSTELLUNG GARNITUR

Die 2 Orangen heiß abwaschen, dann die Schale mit dem Zestenreißer in Zesten reißen. Die Orangen mit einem scharfen Messer so schälen, dass die weiße Haut entfernt ist. Aus den Orangen Filets ausschneiden, dabei ebenfalls den Saft für das Dressing auffangen. Die Frühlingszwiebeln in feine Ringe schneiden. Kurz unter heißem Wasser abspülen, danach kalt abschrecken, um die Zwiebelsäure wegzuwaschen.

AUSGARNIEREN

Orangenfilets, -zesten, Frühlingszwiebelringe und Dill auf der Platte dekorativ anrichten.

ZUBEREITUNG DRESSING

Im Mixer ein sämiges Dressing aus Olivenöl und dem aufgefangenen Orangensaft aufschlagen. Mit buntem Pfeffer, Salz und Zucker abschmecken. Das Dressing erst kurz vor dem Servieren auf dem Carpaccio verteilen, damit die Produkte auf der Platte nicht aufweichen.

MEIN TIPP

Unbedingt eine Platte mit Rand auswählen, damit das Dressing nicht auf den Tisch läuft.

HERSTELLUNG VON ZESTEN

❶ Aus der Schale von Zitrusfrüchten lassen sich mit einem Zestenreißer schmale oder breitere Zesten ablösen. Ein Zestenreißer (Zesteur) ist ein kleines Küchenwerkzeug, dessen Klinge mit scharfkantigen Löchern versehen ist (siehe Bild). Für die Gewinnung von Zesten sollten nur unbehandelte und ungewachste Zitrusfrüchte verwendet werden, wie Bio-Zitrusfrüchte. Außerdem sollten die Früchte bzw. das Gemüse vorher heiß abgewaschen und mit Küchenpapier o. ä. getrocknet werden.

❷ Alternativ zu einem Zestenreißer können auch mit einem scharfen Sparschäler sehr dünne Schalenstreifen abgeschält werden, diese dann wiederum auf einem Schneidbrett mit einem Kochmesser in sehr feine, Julienne ähnliche Streifen geschnitten werden.

❸ Die hauchdünnen Streifen aus der äußeren Schale haben nur wenig Bitterstoffe, jedoch ätherische Öle. Zesten werden überwiegend zur Dekoration und Aromatisierung von Speisen und Getränken verwendet.

❶

❷

❸

GERÄUCHERTE FORELLE MIT KNUSPERSPITZEN

Geräucherte Forelle gilt auch als Gourmethäppchen für „Feinschmecker". Die heiß geräucherten Filets schmecken nicht nur zu frischem Toast und Sahnemeerrettich. Hier werden sie mit knusprigem Fladen und cremigem Frischkäse angeboten.

ZUSAMMENSETZUNG

Diese Platte beinhaltet folgende Zutaten:
geräuchertes Forellenfilet, Meerrettichfrischkäse, Radischensprossen.

- Als Teil der Fisch-Vorspeise beim Buffet für ca. 10 Personen
- Muss am Tag der Auslieferung zubereitet werden
- Im Kühlhaus lagern (bei höchstens +7 °C)
- Einfach, kann gut vorbereitet werden
- Weizen, Milch, Fisch

GERÄUCHERTE FORELLE MIT KNUSPERSPITZEN

Für ca. 10 Personen

PLATTE

Tablett mit Füßen, 62 x 18 x 5 cm

GRUNDPRODUKTE

13 Portionen vom Forellenfilet
13 Dreiecke vom Weizenfladen
500 g Meerrettichfrischkäse

PRODUKTE KNUSPERSPITZEN

weiche Weizentortillas
Chiliflocken
geriebener Käse

PRODUKTE MEERRETTICHFRISCHKÄSE

500 g Frischkäse, natur
2 EL Gemüsemeerrettich aus dem Glas
Saft einer halben Zitrone
2 EL Sahne
eine Prise Zucker

GARNITUR

Radieschensprossen
Chiliringe
Chilifäden
Frühlingszwiebel in Ringen

HERSTELLUNG MEERRETTICHFRISCHKÄSE

Alle Zutaten mit dem Mixer zu einer cremigen Masse verrühren.

HERSTELLUNG PLATTE

Die schräg in Portionen geschnittenen Forellenfilets nebeneinander auf der Platte anrichten.

Den Meerrettichfrischkäse in einen Spritzbeutel mit großer Sterntülle geben. Auf die hinteren Enden der Forellenfilets Rosetten spritzen.

Kurz vor dem Servieren die Knusperspitzen (Herstellung siehe rechts) im Frischkäse feststecken.

AUSGARNIEREN

Mit Frühlingszwiebeln, Chilifäden- und Ringen sowie mit den Radieschensprossen abstreuen.

MEIN TIPP

Die Knusperspitzen können auf Vorrat hergestellt und in einer Gebäckdose aufbewahrt werden. Sie passen auch sehr gut zu den Dips (siehe Seiten 16–21) und vielen anderen Kreationen.

HERSTELLUNG KNUSPERSPITZEN

1. Um Knusperspitzen herzustellen benötigt man weiche Weizentortillas, Chiliflocken oder andere, grobe Gewürze wie beispielsweise Pfeffer, Pistazien oder Kümmel und geriebenen Käse.

2. Die weichen Weizentortillas schneitet man in Dreiecke. Am gleichmäßigsten werden diese wenn man die Tortillas immer wieder halbiert bis die gewünschte Größe erreicht ist. Die Spitzen auf ein mit Backpapier belegtes Backblech geben.

Die aufgelegten Dreiecke mit Chiliflocken ggf. anderen Gewürzen und geriebenem Käse bestreuen und ca. 10 Minuten bei 180 °C goldgelb backen.

1

2

MEERESFRÜCHTEVIELFALT

Bereits die alten Römer sahen Meeresfrüchte als Geschenk der Götter. Auch heute haben die typischen Meeresfrüchte wie Muscheln, Garnelen, Krabben und Langusten einen hohen Stellenwert als Delikatesse. Zudem sind sie sehr gesund, da sie viele Vitamine, Mineralstoffe, Omega-3-Fettsäuren und Proteine enthalten. Meeresfrüchte können sowohl Fang- als auch Zuchtprodukte sein.

ZUSAMMENSETZUNG

Diese Kreation setzt sich aus 3 Fischspezialitäten zusammen: Gambas mit Kopf, Grünschalenmuscheln, Nordseekrabben.

- Als Teil der Vorspeise für ca. 8 Personen
- Kann maximal einen Tag vor Auslieferung zubereitet werden, gut abdecken
- Im Kühlhaus lagern (bei höchstens +7 °C)
- Einfache Herstellung
- Krebstiere, Weichtiere

MEERESFRÜCHTE

Für ca. 8 Personen

PLATTE

Anstelle einer Platte wurden hier ein großer und ein kleiner Dämpfkorb verwendet.

Für den Farbkontrast sorgen im großen Korb grüne Bananenblätter und in den Fonduesieben Wachspapier mit Zeitungsdruck.

GRUNDPRODUKTE

13 Stück Grünschalenmuscheln
9 Stück Gambas, roh mit Kopf und Schale
300 g Nordseekrabben

GARNITUR

Zitronenfächer
Limettenfächer
Zitrone
Salsa
frittierte Glasnudeln (Siehe Seite 119)
Wachspapier mit Zeitungsdruck

HERSTELLUNG GROSSER DÄMPFKORB

Die 2 Bananenblätter in den Korb legen und mit frittierten Glasnudeln bedecken.

Die vorgegarten Grünschalenmuscheln in 2 Reihen fächern.

Die gekochten Gambas mit dem Kopf nach außen aufreihen.

AUSGARNIEREN

In die Mitte der Meeresfrüchte ein Schälchen mit Salsa stellen.

Mit Zitronen- und Limettenfächern und geschnittenen Zitronenschalen vervollständigen.

HERSTELLUNG KLEINER DÄMPFKORB

Wachspapier mit Zeitungsdruck zurechtschneiden und in die Fonduekörbe legen. Nordseekrabben einfüllen und in den Dämpfkorb stellen.

ZUBEREITUNG SALSA

Für etwa 500 g

50 g Tomaten
2 Schalotten
2 Knoblauchzehen
etwas Chilipulver
6 EL Olivenöl
2 EL Limettensaft
etwas Salz und Pfeffer

Die Tomaten häuten, von den Kernen befreien und in Würfel schneiden. Die Schalotte von der Haut befreien und würfeln. Knoblauch abziehen und pressen. Alles zusammen in eine Schüssel geben und mit Olivenöl, Limettensaft, Salz und Pfeffer würzen und abschmecken. Gut eine Stunde ziehen lassen. Die Flüssigkeit vor dem Servieren abtropfen lassen.

MEIN TIPP

Um die Garnelen optimal zuzubereiten, wie folgt vorgehen: Die rohen Garnelen entweder in Salzwasser oder in Fischfond garen. Anschließend kalt abspülen und in die kochende Flüssigkeit geben. Nach etwa 3 Minuten sollten sie eine leuchtend rote Farbe haben und gar sein.

MATJESSALAT

Für ca. 6 Personen

PLATTE

Ovale Silberschale

GRUNDPRODUKTE

6 Stück Matjesfilets
2 Stück grüne, feste Äpfel
2 Stück rote, feste Äpfel
1 Bund Radieschen
1 Stück Kohlrabi
Saft einer Zitrone oder 2 EL Fruchtweiß

GARNITUR

Apfelfächer
Radieschenfächer
Radieschenblüten
ganze Radieschen
Scheiben gebratener Bauchspeck
Radieschen- und Kohlrabiblätter

DRESSING

5 EL Olivenöl
1 TL Sesamöl
5 EL weißer Balsamico
2 EL Senf
etwas Pfeffer
etwas Zucker

HERSTELLUNG SALAT

Die Äpfel mit Schale mit dem Gemüsehobel in schmale Stifte schneiden und sofort in Zitronen- oder Fruchtweißwasser legen, damit sie nicht braun werden. Danach das Wasser abgießen und die Apfelstifte abtropfen lassen.
Die Kohlrabi schälen und ebenfalls in feine Stifte schneiden.
Die Radieschen halbieren und in Scheiben schneiden.

Das Obst mit dem Gemüse mischen.

Oliven- und Sesamöl mit dem Senf und dem Balsamico mit dem Pürierstab zu einer Emulsion verarbeiten.
Mit Pfeffer und Zucker abschmecken und über die Obst-Gemüse-Mischung geben.

Die durchgezogene Mischung in die Schale geben. Matjesfilets schräg in mundgerechte Stücke schneiden und rund um den Salat anrichten.

AUSGARNIEREN

Am Rand der Schale mit Kohlrabiblättern und angebratenem Speck garnieren.

In der Mitte der Schale mit Apfel- und Radieschenfächern sowie ganzen und gezackten Radieschen einen Blickpunkt schaffen. Mit Radieschenblättern vervollständigen.

MEIN TIPP

Wenn die Matjesfilets nicht mit dem Dressing mariniert werden, behalten Sie ihren Eigengeschmack.

MATJESSALAT

„Matjes nach Hausfrauenart" ist der Klassiker, wenn es um traditionelle Fischdelikatessen geht. Die Heringe, die nach dem Fang in den Monaten Mai, Juni und Juli zum Matjes veredelt werden, schmecken nicht nur mit sahnigem Apfel-Zwiebel-Dressing. Auch die leichtere Variante mit frischem Gemüse kommt gut an.

ZUSAMMENSETZUNG

Für diesen Matjessalat werden verwendet:
milde nordische Matjesfilets, Kohlrabi, Apfel, Radieschen.

- Als Teil einer Vorspeise für ca. 6 Personen
- Kann maximal einen Tag vor Auslieferung zubereitet werden, gut abdecken
- Im Kühlhaus lagern (bei höchstens +7 °C)
- Mittlerer Zeitaufwand
- Fisch, Sesam, Senf

HERSTELLUNG VON FÄCHERN

Aus runden Frucht- und Gemüsesorten

❶ Zur Wahl stehen:
Äpfel, Zitronen, Limetten, Kohlrabi, Mairübchen, Tomaten, Radieschen

Aber auch alle anderen runden Früchte- und Gemüsesorten eignen sich für die Fächer.

Früchte die braun werden, müssen mit Zitronensaft oder Fruchtweiß behandelt werden.

❷ Zuerst das gewählte Obst oder Gemüse in 4 Segmente schneiden, so bekommt man aus einer Frucht bzw. einem Gemüse gleich große Fächer. Das Segment mit der einen Schnittkante auf ein Brett legen und mit dem scharfen Messer Spalten einschneiden.

❸ Die möglichst gleichmäßig geschnittenen Spalten werden in gleicher Reihenfolge wieder zusammengesetzt und auseinander geschoben.

HERSTELLUNG VON RADIESCHENBLÜTEN

❶ Für die Radieschenblüten benötigt man feste Radieschen, kaltes Wasser und ein Kerbmesser oder Radieschenreißer. Damit die Radieschen schön fest sind, legt man sie in kaltes Wasser.

❶

❷ Mit dem Kerbmesser schneidet man, von der Spitze aus, Kerben ein. Am gleichmäßigsten wird das, wenn die Kerben immer gegenüberliegend eingeschnitten werden. Es ist darauf zu Achten, dass noch genügend rote Schale am Radieschen bleibt.

❷

❸ Damit die Blüten schön aufgehen, werden sie in kaltes Wasser gelegt. So können sie auch vorbereitet und mindestens einen Tag im Kühlhaus aufbewahrt werden.

❸

FLEISCH, WURST & KÄSE

MEDAILLONS VON KALB, PUTE UND RIND

Tournedo, Mignons, Medaillons oder Lendenschnitte, für die zarten Scheiben aus dem Filet gibt es viele Bezeichnungen. Eines haben alle gemeinsam: Sie schmecken kalt sowie warm und sind butterzart.

ZUSAMMENSETZUNG

Auf dieser Platte sind Medaillons vom Kalb, von der Pute und vom Rind platziert.

- Als Teil eines Buffets für ca. 6 Personen
- Kann maximal einen Tag vor Auslieferung zubereitet werden, gut abdecken
- Im Kühlhaus lagern (bei höchstens +7 °C)
- Hoher Warenwert
- Milch

MEDAILLONS VON KALB, PUTE UND RIND

Für ca. 6 Personen

PLATTE

Rechteckiges Tablett, massiver Edelstahl, 38 x 28 cm

GRUNDPRODUKTE

6 Kalbsmedaillons
6 Putenmedaillons
3 Rinderfiletmedaillons
ca. 150 g Leberwurstcreme (Rezept siehe Seite 64)
ca. 120 g Frischkäse, natur oder Joghurtfrischkäse

GARNITUR

Himbeeren
Blaubeeren
Physalis
rote Chiliringe
grüne Spargelspitzen (TK, frisch oder aus dem Glas)
Kumquat in Scheiben
Kürbiskerne
rote Pfefferbeeren

PRODUKTE MEDAILLONS

Kalbsmedaillons á ca. 50 g
Putenmedaillons á ca. 70 g
Rinderfiletmedaillons á ca. 100 g

HERSTELLUNG MEDAILLONS

Für die Medaillons Kalbs-, Puten- und Rinderfilets parieren und nach Geschmack würzen.

Filetspitze einschlagen und das ganze Filet fest in Garfolie einwickeln und die Enden fest einschlagen. Mit der Garfolie bei niedriger Temperatur auf Kerntemperatur garen. (Kalbsfilet 58 °C, Putenfilet 75 °C, Rinderfilet 55 °C). Filets in der Folie abkühlen lassen. Auswickeln und in ca. 2 Zentimeter dicke Scheiben schneiden.

HERSTELLUNG PLATTE

Medaillons in Reihen auf der Platte anrichten.

Leberwurstcreme in einen Spritzbeutel mit Sterntülle füllen und auf die Kalbs- und Rinderfiletmedaillons jeweils einen Tupfer oder eine Rosette aufspritzen.

Kalbsmedaillons mit frischen Früchten, Rinderfilet mit Kumquatscheiben, Kürbiskernen und rotem Pfeffer garnieren.

Frischkäse in einen Spritzbeutel mit glatter Tülle füllen und auf die Putenmedaillons spritzen. Mit blanchierten Spargelspitzen und Scheiben von der roten Peperoni garnieren.

ZUBEREITUNG VON BRATEN ODER FILETS IN GARFOLIE

Damit Braten eine gleichmäßige, kompakte Form bekommen und dabei saftig bleiben, kann man sie in Garfolie zubereiten. Insbesondere bei Teilstücken die unterschiedlich dick sind, wie beispielsweise Putenbrust oder Filets macht das Sinn.

1. Rolle der Garfolie quer zum Brett legen und ein Stück über das Brett aufrollen. Fleisch auflegen und würzen. Auch Kräuter können zum Aromatisieren mit eingewickelt werden.

2. Wird ein Stück Fleisch eingeschlagen, das unterschiedlich dick ist, wie z.B. eine Putenbrust oder ein Filet, schlägt man das dünne Stück des Fleisches so ein, dass eine kompakte Form entsteht. Jetzt wird das Fleischstück fest in die Folie eingewickelt.

3. Die Enden der Folie fest eindrehen und unter das Fleischstück legen. So entsteht eine kompakte Form, die sich durch das koagulieren des Eiweißes beim Braten verbindet. Nach dem Garen das Fleisch, das für kalten Bratenaufschnitt verwendet wird, am besten für einige Stunden in der Folie auskühlen lassen.

1

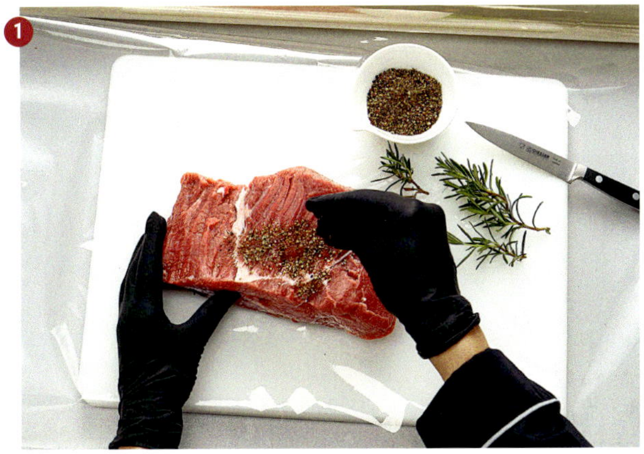

2

3

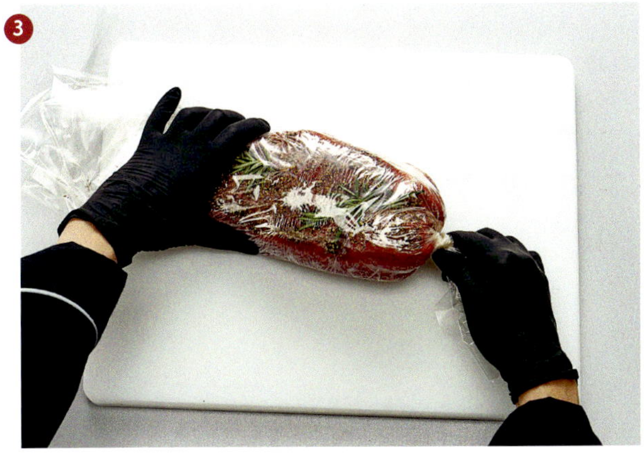

HIRSCHKALBSRÜCKEN

Solo, serviert mit feinem Apfelsalat, Preiselbeeren und Nussbaguette oder als Teil eines Feinschmeckerbuffets dürfte dieser Hirschkalbsrücken nicht nur Wildfans überzeugen. Hier verbinden sich Bodenständigkeit und Raffinesse.

ZUSAMMENSETZUNG

Auf dieser Platte ist ein gegarter Hirschkalbsrücken mit Leberwurstcreme angerichtet.

- Als alleinige Vorspeise für ca. 6 bis 8 Personen
- Kann maximal einen Tag vor Auslieferung zubereitet werden, gut abdecken
- Im Kühlhaus lagern (bei höchstens +7 °C)
- Aufwendig, hoher Warenwert
- Milch, Walnüsse, Pistazien

HIRSCHKALBSRÜCKEN

Für ca. 6 bis 8 Personen

PLATTE

Glasplatte und Geweih

GRUNDPRODUKTE

1 Hirschkalbsrücken frisch oder TK (ca. 4 kg Rohgewicht mit Knochen)
500 g Leberwurstcreme (Rezept siehe Seite 64)

GARNITUR

Lollo bianco
Dunkler Eichblattsalat
Brombeeren
Kumquats
Walnusskerne
Pistazien

HERSTELLUNG HIRSCHKALBSRÜCKEN

Den Rücken langsam (am besten im Kühlhaus) auftauen lassen. Häuten und mit Salz, Pfeffer und zerdrückten Wacholderbeeren würzen. Durchziehen lassen.

Gewürzten Rücken auf ein Lochblech oder Gitterrost legen und bei niedriger Temperatur (80 °C) im Ofen bei trockener Hitze garen. Bei einer Kerntemperatur von 58 bis 60 °C ist er medium gegart. (Soll das Wild durchgegart sein, benötigt man eine Kerntemperatur von mindestens 72 °C.) Rücken aus dem Ofen nehmen und auskühlen lassen. Nach dem Erkalten die Lendchen und die Rückenfilets auslösen. Karkasse sauber putzen und wenn nötig noch einmal in den Ofen geben, damit das übrige Fleisch am Knochen durchgegart ist und nicht aussaftet.

HERSTELLUNG PLATTE

Karkasse auf die Platte setzen. Rundherum die Salate anrichten.

Leberwurstcreme mit einem Spatel auf die Karkasse streichen, so dass die Seiten soweit gefüllt sind, dass man die Tranchen vom Rückenfilet auflegen kann.

Rückenfilets in schräge Tranchen schneiden und nacheinander rundherum auf die gefüllte Karkasse legen. Eine zweite Reihe darüberlegen bis die Karkasse rundherum belegt und nicht mehr zu sehen ist. (Sollten die Scheiben vom Rückenfilet nicht ausreichen, können die Lendchen dazu verwendet werden. Andernfalls kann man diese anderweitig verwenden.)

Leberwurstcreme in einen Spritzbeutel mit Sterntülle geben und mittig als fortlaufende, ca. 2 cm breite Rosette, auf den Rücken spritzen.

Mit frischen Brombeeren, halbierten Scheiben von der Kumquat, Walnusskernen und Pistazien garnieren.

Die Platte am Buffet auf das Geweih stellen.

MEIN TIPP

Wenn der Rücken beim Braten schön gerade bleiben soll, kann man durch das Rückenmark einen Metallstab schieben. Dieser wird erst nach dem Garen wieder entfernt.

ENTENBRUST MIT APFELSALAT

Für ca. 8 Personen

PLATTE

Schwarzgraue Glastellerplatte, rechteckig, mit Baumrindenstruktur, 40 x 22 cm

GRUNDPRODUKTE

2 Stück Entenbrust (frisch oder TK)
500 g feste grüne Äpfel
500 g feste rote Äpfel
50 g Mayonnaise
100 g Saure Sahne
100 g Joghurt, natur
Salz
Pfeffer
Abrieb und Saft einer Zitrone

GARNITUR

Feldsalat
roter Apfel
Brombeeren
Johannisbeerrispen

VORBEREITUNG ENTENBRUST

Die Haut der Entenbrust mit einem scharfen Messer kreuzweise einritzen. Vorsicht: Achten Sie darauf, dabei nicht in das Fleisch zu schneiden!

Eine Pfanne ohne Fett erhitzen. Die Entenbrust zunächst mit der Hautseite nach unten hineinlegen und ca. 5 Minuten kräftig braten, bis sie leicht gebräunt ist. Danach wenden.

Entenbrust auf der Fleischseite 2–3 Minuten weiter braten. Mit Salz und Pfeffer würzen und nochmals wenden. Anschließend in den vorgeheizten Ofen bei 180 °C ca. 15 bis 20 Minuten garen. Entenbrust aus dem Ofen nehmen, in Alufolie wickeln und bei Raumtemperatur mindestens 15 Minuten ruhen lassen. Dann ins Kühlhaus geben und durchkühlen.

PRODUKTE APFELSALAT

500 g feste grüne Äpfel
500 g feste rote Äpfel
50 g Mayonnaise
100 g saure Sahne
100 g Joghurt, natur
Salz
Pfeffer
Zucker
Abrieb und Saft einer Zitrone

HERSTELLUNG APFELSALAT

Die Äpfel waschen und mit der Schale in feine Stifte schneiden. Sofort in Wasser mit Zitronensaft oder Fruchtweiß geben. Danach abseihen und gut abtropfen lassen.

Saure Sahne, Joghurt und Mayonnaise cremig rühren.
Mit Zitronensaft, Zitronenabrieb, Salz, Pfeffer und Zucker abschmecken.

HERSTELLUNG PLATTE

Feldsalat auf der Platte anrichten. Apfelstifte darauf verteilen.
Mit dem Dressing nappieren.

Ausgekühlte Entenbrust in Tranchen schneiden und diese in Fächern auf dem Apfelsalat anrichten. Gegebenenfalls noch etwas Dressing drüber geben.

Den halben Apfel durchschneiden, so dass 2 Viertel entstehen.
Diese fächern. (Anleitung siehe Seite 144).

AUSGARNIEREN

Die Apfelfächer mittig platzieren, mit Brombeeren, Johannisbeerrispen und einigen Feldsalatblättern vervollständigen.

ENTENBRUST MIT APFELSALAT

Knackige Äpfel treffen auf rosa gebratene Entenbrust. Eine Kombination die, durch ein cremiges Sauerrahm-Joghurtdressing ergänzt, zum Gaumenschmaus wird. Die Entenbrust mit Apfelsalat kann sowohl auf dem Vorspeisenbuffet oder als kleine Portion beim Flying-Buffet für Begeisterung sorgen.

ZUSAMMENSETZUNG

Diese Platte setzt sich aus gegrillter Entenbrust und knackigem Apfelsalat zusammen.

- Als alleinige Vorspeise für ca. 8 Personen
- Sollte am Tag der Auslieferung frisch hergestellt werden
- Im Kühlhaus lagern (bei höchstens +7 °C)
- Hoher Warenwert, leicht herzustellen
- Milch, Ei

ROASTBEEF MIT PAPAYA SALSA

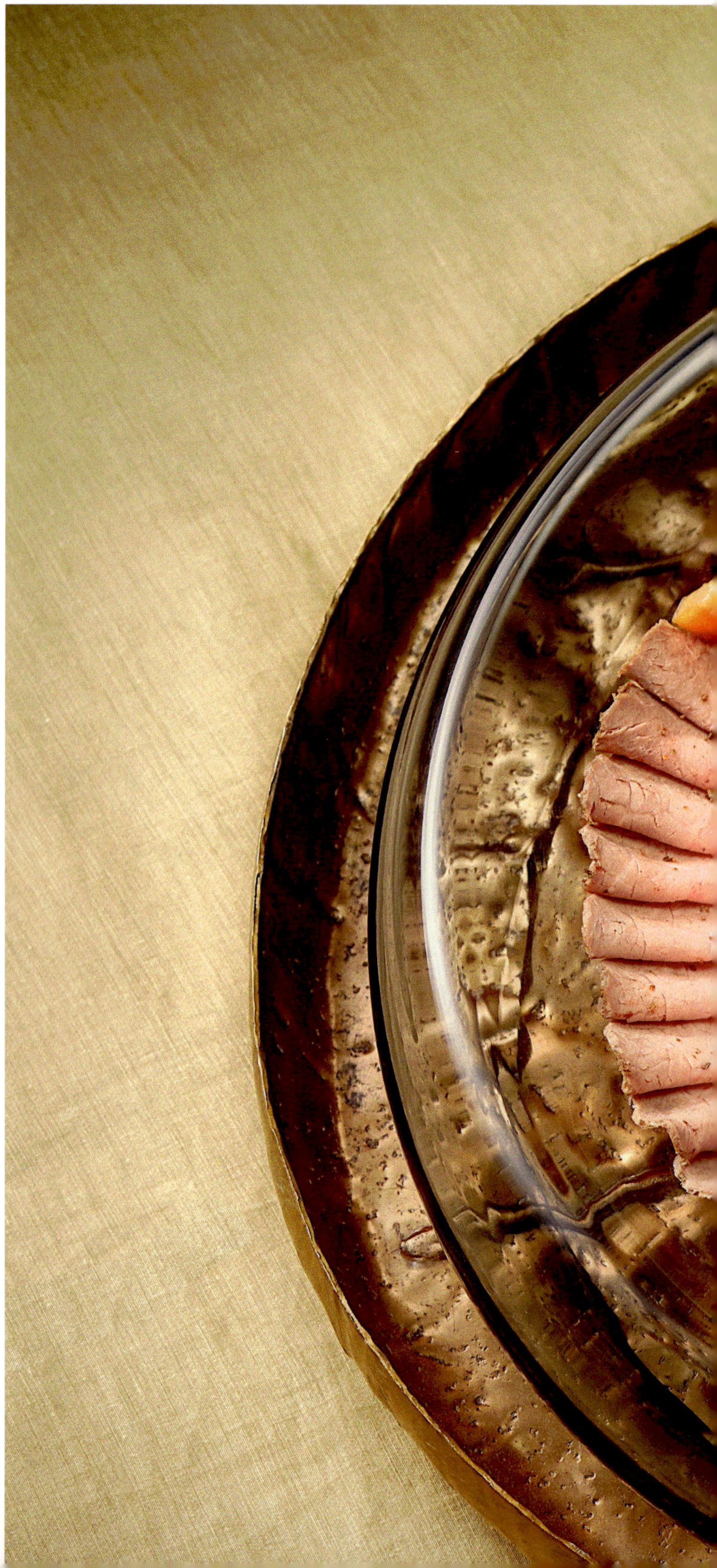

Roastbeef wird auf den britischen Inseln gern warm mit Yorkshire-Pudding und Meerrettich gegessen. Wir servieren Roastbeef auf kalten Buffets gerne klassisch als Bratenaufschnitt mit Remoulade. Hier finden Sie eine etwas modernere Interpretation: die Kombination von zartem Roastbeef mit fruchtiger Papaya.

ZUSAMMENSETZUNG

Auf dieser Platte sind gegrilltes Roastbeef und Papaya-Salsa kombiniert.

- Als alleinige Vorspeise für ca. 8 Personen
- Salsa kann vorbereitet werden – Roastbeef sollte am Tag der Auslieferung aufgelegt werden
- Im Kühlhaus lagern (bei höchstens +7 °C)
- hoher Warenwert
- Milch

ROASTBEEF MIT PAPAYA SALSA

Für ca. 8 Personen

PLATTE

Goldener Teller
Runde Glasschale, 35 cm Durchmesser, Höhe 7,5 cm

GRUNDPRODUKTE

32 Scheiben gegrilltes Roastbeef
500 g Papaya-Salsa

GARNITUR

einige Blätter Feldsalat
gezackte Papaya
Frischkäse, natur
bunter Pfeffer ganz und geschrotet
Chiliringe

HERSTELLUNG PAPAYA-SALSA

Für etwa 500 g

2 reife Papayas (Fruchtfleisch ca. 450 g)
1 Schalotte
3 EL Olivenöl
2 EL flüssigen Honig
Saft und Abrieb einer Limette
Salz
Pfeffer
1 Msp. Chiliflocken

Papaya schälen und die Kerne herausnehmen. Fruchtfleisch würfeln. Schalotte sehr fein würfeln und mit den Fruchtwürfeln mischen.

Olivenöl, Honig, Abrieb und Saft der Limette mischen.

Dressing über die Fruchtfleischmischung geben. Mit Salz, Pfeffer und Chiliflocken abschmecken.

HERSTELLUNG PLATTE

Platte optisch in 3 etwa gleich große Bereiche aufteilen.

Den ersten Bereich mit Roastbeefscheiben belegen. Diese der Länge nach umschlagen und in einer Reihe auflegen. Daneben etwas Platz für die Salsa frei lassen.

Für das zweite Drittel Röllchen mit der Legegabel formen und diese in 2 Reihen auflegen. Wieder etwas Platz für die Salsa lassen.

Den Dritten Bereich mit doppelt gefalteten Scheiben belegen.

Die Papaya Salsa in die Freiräume geben und mit geschrotetem Pfeffer und Chiliröllchen bestreuen.

AUSGARNIEREN

Papaya zacken, entkernen und auf einigen Feldsalatblättern in der Mitte platzieren.

Frischkäse in einen Spritzbeutel mit Sterntülle füllen und eine doppelte Rosette spritzen.

Mit ganzen bunten Pfefferkörnern und geschrotenem Pfeffer garnieren.

MEIN TIPP

Durch das Kombinieren von verschiedenen Legetechniken, erreichen Sie eine optische Abwechslung auf Ihren Platten.

1

2

3

FRÜCHTE ZACKEN

Fast alle runden Früchte und Gemüsesorten eignen sich zum Zacken. Die Garnitur ist beliebt, weil sie relativ einfach und schnell hergestellt werden kann. Außerdem verwendet man die ganze Frucht, so entsteht kein Abfall.

1. Runde Früchte oder Gemüsesorten wie Radieschen, Tomaten, Melonen, Kiwis, Zitrusfrüchte oder Oliven und Trauben eignen sich zum Zacken. Man kann ein spezielles Ausstechmesser oder ein Küchenmesser mit gerader Klinge verwenden.

2. Ob man gleichmäßige Zacken möchte oder ob man unterschiedlich große Zacken bevorzugt, das ist Geschmackssache. Für gleichmäßige Zacken sticht man am Besten mit dem Spezialmesser (V-Messer) oder dem Küchenmesser sehr gleichmäßig rundherum in die Frucht ein. Der Schnitt muss so tief sein, dass er mindestens bis zur Mitte der Frucht geht.

3. Möchte man Zacken von unterschiedlicher Größe, sticht man mit dem Messer ein und schneidet lange und kurze Zacken. Auch hier muss so tief eingestochen werden, dass sich die Frucht leicht auseinanderziehen lässt.

GERÄUCHERTE GÄNSEBRUST MIT MANGO-SALSA

Geräucherte Gänsebrust ist ein echtes Spitzenprodukt und gerade in der Weihnachtszeit sehr beliebt. Klassisch wird sie meist mit frisch getoastetem Weißbrot und Preiselbeeren serviert. Wir haben sie mit reifen Mangos kombiniert – ein echtes Geschmackserlebnis.

ZUSAMMENSETZUNG

Auf dieser Platte ist geräucherte Entenbrust mit frischer Mango arrangiert.

- Als alleinige Vorspeise für ca. 6 Personen
- Kann maximal einen Tag vor Auslieferung zubereitet werden, gut abdecken
- Im Kühlhaus lagern (bei höchstens +7 °C)
- Hoher Warenwert
- Milch, Pistazien

GERÄUCHERTE GÄNSEBRUST MIT MANGO-SALSA

Für ca. 6 Personen

PLATTE

Rechteckige Platte, goldfarben
Messingschale, goldfarben, lebensmittelecht, Ø 12,5 cm

GRUNDPRODUKTE

ca. 30 Scheiben geräucherte Gänsebrust, sehr fein geschnitten
6 dünne Scheiben frische Mango
ca. 500 g Mango-Salsa
eine Hand voll Feldsalat

GARNITUR

gezackte Feige mit Crème fraîche
roter Pfeffer
Pistaziensplitter
schwarzer, geschroteter Pfeffer

HERSTELLUNG MANGO-SALSA

Für etwa 500 g

etwas Olivenöl
Saft und Abrieb einer Limette
2 TL brauner Zucker
1–2 reife Mangos (Fruchtfleisch ca. 450 g)
1 Schalotte

Olivenöl mit Limettensaft- und Abrieb sämig schlagen. Zucker dazugeben. Beiseite stellen, so dass der Zucker Zeit hat sich aufzulösen.

Mango schälen und Fruchtfleisch vom Kern schneiden. Fruchtfleisch würfeln. Schalotte sehr fein würfeln. Mangowürfel mit Schalotte mischen und Dressing dazugeben. Durchziehen lassen.

MEIN TIPP

Hier wird die Salsa sehr mild gewürzt, damit der Geschmack der Gänsebrust nicht überdeckt wird. Die Salsa kann aber auch mit Koriander oder Chili abgewandelt werden.

HERSTELLUNG PLATTE

Mangoscheiben fächerartig auf die Platte legen.

Etwa die Hälfte der Gänsebrustscheiben daneben anrichten.

Salsa in die Schale geben und platzieren.

Den Freiraum auf der Platte mit Feldsalat auslegen und die übrigen Gänsebrustscheiben als Röllchen auflegen.

AUSGARNIEREN

Feige zacken. In die Mitte etwas Crème fraîche geben und mit rotem Pfeffer garnieren.

Gezackte Feigen mit einigen Feldsalatblättern am Rand der Salsa platzieren.

Mit geschrotetem Pfeffer und Pistaziensplittern vervollständigen.

GEFLÜGELSALAT „NATUR" MIT PFIFFERLINGEN

Für ca. 7 bis 8 Personen

PLATTE

Rundes Serviertablett, Walnussholz, lebensmittelecht, Ø 36 cm
Rundes Tablett, goldfarben

GRUNDPRODUKTE

7 Stück Hähnchenbrust
ca. 700 g Pfifferlinge
etwas Sonnenblumenöl
1 Schalotte
1 Stange Lauch

GARNITUR

Friséesalat

ZUBEREITUNG HÄHNCHENBRUST

2 l Wasser
1 Zwiebel
1 Stange Lauch
1–2 Karotten
1 Lorbeerblatt
2 TL Salz

Wasser zum Kochen bringen. Zwiebel schälen. Lauch und Karotten putzen. Alles in grobe Stücke schneiden und zusammen mit dem Lorbeerblatt in das Wasser geben. Salz dazugeben.

Hähnchenbrust hineingeben und die Temperatur zurückdrehen. Hähnchenbrust ca. 25 Minuten garziehen lassen. (Kerntemperatur von 75 °C). Fleisch im Sud abkühlen lassen. Herausnehmen und aufschneiden.

HERSTELLUNG VINAIGRETTE

5 EL milden Essig (Weißweinessig oder weißer Balsamico)
6 EL neutrales Öl (z. B. Sonnenblumenöl)
Salz
Pfeffer
Zucker
1 Bund Dill

Aus dem Essig, dem Öl und den Gewürzen eine Vinaigrette herstellen. Dill sehr fein schneiden und in die Salatsoße geben.

HERSTELLUNG PLATTE

Pfifferlinge putzen, große Pilze halbieren. Schalotten fein würfeln. Etwas Öl in einer großen Pfanne erhitzen. Schalotten mit den Pfifferlingen darin anbraten. Lauch putzen, waschen und in schräge Ringe schneiden. Blanchieren und abkühlen. Pfifferlinge mit Lauch und Vinaigrette mischen.

Geschnittene Hähnchenbrust fächerartig rundherum auf der Platte anrichten.

Klein gezupften Friséesalat in den Zwischenräumen verteilen. Pfifferling-Lauch-Mischung darauf anrichten.

Hähnchenbrust mit der restlichen Vinaigrette marinieren.

GEFLÜGELSALAT „NATUR" MIT PFIFFERLINGEN

Geflügelfleisch, Früchte und Currydressing – so kennt man den klassischen Geflügelsalat. Hier finden Sie eine etwas andere, eine leichte Variante des zarten Hähnchenfleischs mit frischen Pfifferlingen und knackigem Lauch.

ZUSAMMENSETZUNG

Dieser Salat ist eine Kombination aus Hähnchenbrust mit Pfifferlingen und Lauch in einer leichten Vinaigrette.

- Als alleinige Vorspeise für ca. 7 bis 8 Personen
- Kann vorbereitet werden, gut abdecken
- Im Kühlhaus lagern (bei höchstens +7 °C)
- Hoher Warenwert

TAFELSPITZ MIT SEMMELKNÖDELCARPACCIO

Semmelknödel kennt man, genau wie den Tafelspitz aus der traditionellen Küche. Die Knödel werden meist zu Sauerbraten serviert und den Tafelspitz isst man warm mit Meerrettichsoße und Preiselbeeren. Hier präsentieren sich die beiden Klassiker als dünne Scheiben, die von einer leichten Vinaigrette begleitet werden.

ZUSAMMENSETZUNG

Auf dieser Platte sind dünne Scheiben vom Semmelknödel mit Tafelspitz angerichtet. Ergänzt wird das Ganze durch knackiges Gemüse.

- Als alleinige Vorspeise für ca. 8 Personen
- Semmelknödel und Tafelspitz können gut vorbereitet werden. Anrichten maximal einen Tag vor der Auslieferung
- Im Kühlhaus lagern (bei höchstens +7 °C)
- Einfache Herstellung, mittlerer Wareneinsatz
- Weizen, Milch, Ei, Senf, Sellerie

TAFELSPITZ MIT SEMMELKNÖDELCARPACCIO

Für ca. 8 Personen

PLATTE

Holzbrett

GRUNDPRODUKTE

24 Scheiben gekochter Tafelspitz
24 Scheiben vom Semmelknödel (am gleichmäßigsten sind sie vom Serviettenknödel)
250 ml Vinaigrette

GARNITUR

Mangold
Selleriegrün
Locken von Rettich und Karotten (Anleitung Seite 175)
feine Lauchstreifen
Paprika, fein gewürfelt
Schnittlauchröllchen

PRODUKTE TAFELSPITZ

1 Gemüsezwiebel
Salz
Pfeffer
2 Lorbeerblätter
2–3 Nelken
2–3 Pimentkörner
1 ganzer Tafelspitz
ca. 500 g Suppengemüse (Lauch, Karotten, Petersilie)

ZUR INFO

Auf der Platte ist das Gericht als Vorspeise für ca. 8 Personen angerichtet. Bei der Herstellung von Tafelspitz und Semmelknödel sind größere Mengen angegeben.

HERSTELLUNG TAFELSPITZ

Zwiebel, Salz, Pfeffer, Lorbeerblätter, Nelken und Piment in einen Topf geben, etwa 4 Liter Wasser zugießen und aufkochen. Tafelspitz hineinlegen und offen 2–2 ½ Stunden sieden lassen. Brühe ab und zu abschäumen. Gemüse putzen, schälen und in grobe Stücke teilen. Das Gemüse nach einer Stunde dazugeben. Den gekochten Tafelspitz am besten über Nacht in der Brühe auskühlen lassen.

MEIN TIPP

Um der Brühe eine schöne goldgelbe Farbe zu verleihen, teilt man die ungeschälte Zwiebel quer und röstet sie in einer Pfanne, ohne Fett, auf den Schnittflächen dunkelbraun an.

PRODUKTE SEMMELKNÖDEL

500 g Brötchen vom Vortag in Würfel (ersatzweise auch 500 g Toast, entrindet)
500 g sehr warme Milch
1 Zwiebel
½ Bund Petersilie
3 Eier
etwas Salz
Pfeffer
Muskatnuss

HERSTELLUNG SEMMELKNÖDEL

Brötchen in Würfel schneiden oder Toastbrot entrinden und in Würfel schneiden. Für ca. 30 Minuten in sehr warmer Milch einweichen. Zwiebel würfeln und mit wenig Butter bei mittlerer Hitze anbraten bis die Zwiebeln schön glasig ist. Großen Topf mit Wasser aufsetzen, zu ⅔ füllen und zum Sieden bringen. Wasser sollte nicht zu stark kochen.

Wenn die Brötchenwürfel eingeweicht sind, die Petersilie fein hacken und zusammen mit Zwiebeln, Eier, Salz, Pfeffer und einer Prise Muskat vermischen. Klarsichtfolie oder Garfolie ausbreiten und die Masse auf Klarsichtfolie der Länge nach ausbreiten. Die Masse zu Knödeln von etwa 15 cm Länge und 4 cm Durchmesser zusammenrollen (ergibt ca. 2–3 Serviettenknödel), wenn möglich mit wenig Luftblasen. Um die Knödel vor Hitze zu schützen und damit die Enden nicht aufgehen, zusätzlich noch eine Lage Alufolie um die Frischhaltefolie herumlegen und Enden mit einrollen. 20–30 Minuten sieden lassen. Aus dem Wasser nehmen um am besten über Nacht in der Folie auskühlen lassen. Danach auf der Aufschnittmaschine in dünne Scheiben schneiden.

MEIN TIPP

Wenn es schnell gehen muss, kann auch fertige Semmelknödelmasse verwendet werden.

HERSTELLUNG VINAIGRETTE

Für etwa 250 ml

100 ml Kräuteressig
125 ml Sonnenblumenöl
2 TL Senf
1 TL flüssiger Honig
Salz
Pfeffer

Alle Zutaten mit dem Pürierstab zu einer Emulsion aufschlagen. Wenn nötig etwas Fleischbrühe (vom Tafelspitz) dazugeben.

HERSTELLUNG PLATTE

Oben, ungefähr in der Mitte der Platte mit den ersten Scheiben vom Semmelknödel beginnen. Die Scheiben zur Mitte hin als Reihe glatt auflegen.

Daneben die einmal gefalteten Scheiben vom Tafelspitz ebenfalls in einer Reihe zur Mitte legen.

Abwechselnd mit den Semmelknödelscheiben und dem Tafelspitz so verfahren bis die Platte rundherum belegt ist.

Vinaigrette über dem Tafelspitz und über den Semmelknödelscheiben verteilen.

AUSGARNIEREN

Die Schnittlauchröllchen aufstreuen. Den Freiraum in der Mitte mit Mangoldblättern und Selleriegrün auslegen. Rettich- und Karottenlocken mit den Lauchstreifen darauf verteilen. Mit Paprikawürfeln vervollständigen.

VITELLO TONNATO MIT GEMÜSELOCKEN

Vitello Tonnato ist ein Klassiker auf fast jeder Speisekarte eines italienischen Restaurants. Die Vorspeise vereint den feinen Geschmack von zartem Kalbfleisch mit einer delikaten Thunfischsoße. Egal, ob sie auf einem Teller angerichtet ist, den Auftakt eines Menüs darstellt oder auf Platten das mediterrane Buffet bereichert, die Kombination erfreut viele Feinschmecker.

ZUSAMMENSETZUNG

Diese Platte zeigt eine Kombination aus zartem Kalbsrücken, cremiger Thunfischsauce und knackigen gelben Karotten.

- Als Vorspeise für ca. 5 bis 6 Personen
- Kann maximal einen Tag vor Auslieferung zubereitet werden, gut abdecken
- Im Kühlhaus lagern (bei höchstens +7 °C)
- Einfache Herstellung, hoher Warenwert
- Milch, Ei, Fisch

VITELLO TONNATO MIT GEMÜSELOCKEN

Für ca. 5 bis 6 Personen

PLATTE

Glasschale, strukturiert, 6 mm stark

GRUNDPRODUKTE

ca. 40 Scheiben Kalbsrücken
ca. 500 g Thunfischsoße

GARNITUR

Gemüselocken aus gelben Karotten
Kapernäpfel
rote Cocktailtomaten
schwarzer, geschroteter Pfeffer
Rucola

ZUBEREITUNG KALBFLEISCH

ca. 500 g Kalbsrücken
500 ml trockener Weißwein
1 Karotte
½ Stange Lauch
1 Schalotte
1 Lorbeerblatt
Salz
schwarze Pfefferkörner

Sud aus Weißwein, grob geschnittener Karotte, Lauch, Schalotte und Lorbeerblatt mischen und den Kalbsrücken hineinlegen. So viel Wasser aufgießen, dass das Fleisch bedeckt ist. Zugedeckt über Nacht im Kühlhaus durchziehen lassen.

Am nächsten Tag das Fleisch herausnehmen. Sud aufkochen, Fleisch hineingeben und bei geringer Hitze garziehen (Kerntemperatur ca. 55 °C) lassen. Fleisch im Sud abkühlen lassen. Herausnehmen und aufschneiden.

HERSTELLUNG THUNFISCHSOSSE

Für etwa 500 g

100 g Mayonnaise
100 g saure Sahne
100 g Joghurt, natur
200 g Thunfisch im eigenen Saft
etwas Zitronensaft
Salz
weißer Pfeffer
1 Prise Zucker

Mayonnaise, saure Sahne und Joghurt cremig schlagen. Thunfisch mit einer Gabel zerkleinern und unterheben. Mit Zitronensaft, Salz, Pfeffer und Zucker abschmecken.

ANRICHTEN

Fleisch in 2 Bahnen glatt auf die Platte legen. Thunfischsoße großzügig in der Mitte anrichten. Gelbe Karotten schälen und auf dem Spiralschneider zu Locken schneiden. Cocktailtomaten fächern. Kapernäpfel abtropfen.

Mit Karottenlocken, Tomatenfächern, Kapernäpfeln und einigen Rucolastielen garnieren. Zum Schluss mit geschrotetem Pfeffer bestreuen.

HERSTELLUNG VON GEMÜSELOCKEN

1. Rezepte mit sogenannten Zoodles – eine Zusammensetzung aus „noodles“ und „zucchini“ sind momentan total „in“. Genau so gut wie Zucchini funktionieren aber auch Karotten, Rote Bete, Paprika, Rettich, Kohlrabi oder Spargel. Letztlich alles, was sich irgendwie zu einer spaghettiähnlichen Form schneiden lässt, so z. B. auch Kartoffeln oder Süßkartoffeln. All diese dünnen Gemüsestreifen können für die warme und – wie in unserem Fall – für die kalte Küche verwendet werden.

2. Der Spiralschneider ist ein einfaches und besonders handliches Werkzeug, mit dem man im Handumdrehen dekorative Gemüsespiralen herstellen kann. Alle schmalen Gemüsesorten wie Karotten, Zucchini, Rettich, Gurken usw. lassen sich mit diesem Spiralschneider, der aussieht wie ein großer Spitzer, schneiden.

3. Knollengemüse wie beispielsweise Kohlrabi, Mairübchen oder Rote Bete lassen sich mit einem größeren Spiralschneider schneiden. Damit das Gemüse auf der Platte lange knackig bleibt, legt man es nach dem Schneiden am besten in kaltes Wasser.

1

2

3

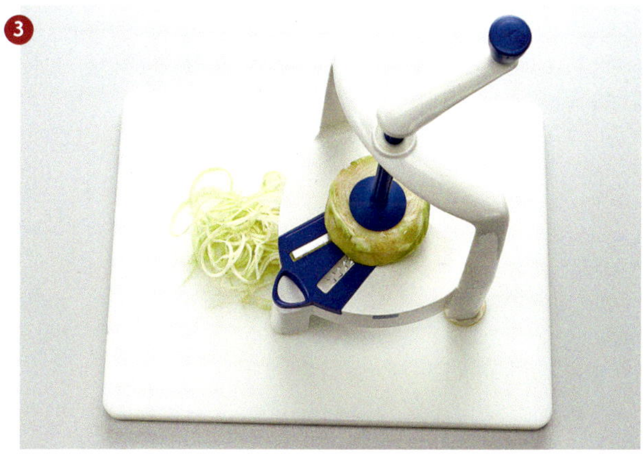

ITALIENISCHE SPEZIALITÄTEN

Der Klassiker unter den Antipasti ist der sogenannte „Antipasto all'italiana", ein Aufschnitt-Teller oder eine Platte mit Parmaschinken, Salami, gekochtem Schinken und Mortadella. Danach kommt der erste Gang, „il primo", bei dem es sich im allgemeinen um „Pasta" oder „Risotto" handelt, und schließlich der „secondo", der eigentlichen Hauptgang. Traditionell wird das Essen mit Obst oder Käse beendet.

ZUSAMMENSETZUNG

Diese Platte setzt sich aus 6 Spezialitäten zusammen: Mortadella, Salami Romana luftgetrocknet, Salami Milano, Prosciutto Coppa, Fenchelsalami, Parmaschinken und Spianata Romana.

- Als alleinige Vorspeise für ca. 10 Personen oder als Teil eines Buffets
- Kann maximal einen Tag vor Auslieferung zubereitet werden, gut abdecken
- Im Kühlhaus lagern (bei höchstens +7 °C)
- Viele Produkte, aufwendig

ITALIENISCHE SPEZIALITÄTEN

Für ca. 10 Personen

PLATTE

Tablett mit Griffen, weiß, 63,5 x 32 x 5 cm

GRUNDPRODUKTE

11 Scheiben Mortadella
22 Scheiben Salami Romana, luftgetrocknet
17 Scheiben Salami Milano
12 Scheiben Prosciutto Coppa
10 Scheiben Fenchelsalami
13 Scheiben Parmaschinken
9 Scheiben Spianata Romana

GARNITUR

heller Eichblattsalat
Artischockenrosen
schwarze Oliven
Mini-Zucchini
sonnengetrocknete Tomaten
Kräuter der Saison

HERSTELLUNG PLATTE

(Informationen zu den Legetechniken finden Sie auf den Seiten 10 bis 13.)

Oben links mit dem Legen der Platte beginnen. Als erstes die Scheiben von der Mortadella zu einem Drittel nach hinten umklappen, dann einmal fächern und in drei Reihen auflegen.

Die etwas dicker, schräg geschnittenen Scheiben von der luftgetrockneten Salami Romana dachziegelartig daneben auflegen.

Die Salami Milano mit der Legegabel aufrollen und im Uhrzeigersinn folgend neben der Salami Romana platzieren.

Prosciutto Coppa zweimal fächern und in der Rundung in 3 Reihen auflegen.

Die Scheiben der Fenchelsalami einmal falten und platzieren.

Parmaschinken zu einem Drittel umklappen, zweimal falten und ebenfalls in 3 Reihen auflegen.

Spianata Romana glatt auffächern und damit die Runde schließen.

MEIN TIPP

Stellen Sie die Platte immer so vor sich hin, dass Sie auf sich zu arbeiten. Das funktioniert am besten, wenn man die Platte immer wieder ein Stück weiterdreht. So entstehen klare Linien.

AUSGARNIEREN

Den Freiraum in der Mitte der Platte mit hellem Eichblattsalat füllen. Darauf 3 Artischockenrosen setzen. Für den Farbkontrast schwarze Oliven zwischen Salami und Salat platzieren. Mit dem Bundmesser geschnittene Mini-Zucchini einfügen. Sonnengetrocknete Tomaten dazwischen legen und mit frischen Kräutern wie zum Beispiel glatter Petersilie, Rosmarin und Schnittlauch vervollständigen.

HERSTELLUNG ARTISCHOCKENROSEN

Artischockenrosen sind eine beliebte Garnitur weil sie dekorativ aussehen und mit wenigen Handgriffen hergestellt sind. Sie schmecken zu Schinken, Rohwurst und mediterranen Spezialitäten.

Um eine Artischockenrose herzustellen benötigt man relativ feste, ganze Artischockenherzen aus der Dose oder dem Glas. Als Werkzeug dient eine Legegabel. Die einzelnen Blätter vom Artischockenherz werden mit der Legegabel so gleichmäßig wie möglich auseinandergezogen.

SCHINKENVARIATIONEN

Bei diesen hübsch angerichteten Schinkenarrangements greift jeder gerne zu – besonders die in kleinen Schälchen angerichtete Form überzeugt bei jedem Anlass.

ZUSAMMENSETZUNG

Diese Platte setzt sich aus 3 Kombinationen mit Schinken zusammen:
Schinken-Spargel-Salat mit Sauerrahmdressing und Ei, Salat aus Melonenbällchen mit Lachsschinken und Schinkencreme mit Pumpernickelchips.

- Als Teil eines Buffets für ca. 5 bis 6 Personen
- Kann maximal einen Tag vor Auslieferung zubereitet werden, gut abdecken
- Im Kühlhaus lagern (bei höchstens +7 °C)
- Etwas Zeitaufwand, mittlerer Warenwert
- Roggen, Milch, Ei, Senf

SCHINKENVARIATIONEN

Für ca. 5 bis 6 Personen

PLATTE

rundes Silbertablett kombiniert mit runder Servierplatte, Ø 38 cm und verschiedene Schälchen

GRUNDPRODUKTE

gekochter Schinken
weißer Spargel (frisch, TK oder aus dem Glas)
Sauerrahm
gekochtes Ei
Galia- oder Honigmelone
Lachsschinken
gekochten Schinken
Frischkäse

GARNITUR

Feldsalat
bunter Pfeffer
Rucola
Pumpernickelchips
Minikarotten
Frühlingszwiebeln
gelbe Cocktailtomate

HERSTELLUNG SCHINKEN-SPARGEL-SALAT

Für etwa 1 kg

150 g Sauerrahm
50 g Mayonnaise
50 g Joghurt, natur
etwas Essig
Salz
Pfeffer
Zucker
250 g gekochter Schinken
250 g weißer Spargel (frisch, TK oder aus der Dose)
3 hartgekochte Eier

Sauerrahm mit Mayonnaise und Joghurt cremig aufschlagen. Mit etwas Essig, Salz, Pfeffer und Zucker kräftig abschmecken. Gekochten Schinken in Würfel, Spargel in mundgerechte Stücke schneiden und die Eier achteln.

Schinken und Spargel mischen. Mischung abwechselnd mit dem Dressing und den Eierstücken in Schälchen schichten. Mit Feldsalat und buntem Pfeffer garnieren.

HERSTELLUNG MELONENSALAT

Für etwa 500 g

1 kleine Galia- oder Honigmelone
Saft von 2 Limetten
etwas brauner Zucker
1 Prise Salz
Msp. Chilipulver

Aus der Melone Bällchen ausstechen (Anleitung siehe Seite 253) oder mundgerechte Würfel schneiden.

Limettensaft mit Zucker mischen, Salz und Chili dazugeben und über die Melone geben. Durchziehen lassen. Melonensalat in Schälchen füllen. Aus jeweils 3 Scheiben Lachsschinken eine Rose formen und auf dem Melonensalat anrichten. Mit Rucola garnieren.

HERSTELLUNG SCHINKENCREME

Für etwa 500 g

250 g gekochten Schinken
200 g Frischkäse, natur
2 EL Joghurt, natur
1 TL Meerrettich
etwas Senf
Salz
Pfeffer
Zucker

Gekochten Schinken in kleine Würfel schneiden und mit Frischkäse und Joghurt im Blitzhacker sehr fein pürieren. Mit Meerrettich, Senf, Salz, Pfeffer und Zucker abschmecken. In einen Spritzbeutel mit großer Sterntülle füllen und in Schälchen Spritzen.

Mit Pumpernickelchips, Scheiben von der Frühlingszwiebel, Minikarotten und gelber Tomate garnieren.

HERSTELLUNG PUMPERNICKELCHIPS

3 Scheiben Pumpernickel
1 Frühlingszwiebel
1 Schalotte
etwas Butter
5–7 EL Milch

Pumpernickelbrot im Blitzhacker fein mixen. Brotkrümel mit einer sehr fein geschnittenen Frühlingszwiebel und Schalotte in der Pfanne mit Butter anschwitzen. Milch dazugeben und glatt pürieren. Die Pumpernickelmasse soll streichfähig sein. Masse auf eine Silikonbackmatte oder ein Backpapier dünn aufstreichen und bei 120 °C backen, bis die Chips knusprig sind. Auskühlen lassen und zum Aufbewahren in eine luftdichte Dose geben.

ANRICHTEN

Die Schälchen in Gruppen auf der Platte anrichten.

BROTZEITPLATTE

Herzhafte Wurst, ein Stückchen Käse dazu ofenfrisches Bauernbrot und ein gutes Glas Rotwein ... diese Kombination findet immer Abnehmer.

ZUSAMMENSETZUNG

Diese Platte setzt sich aus 7 Wurst- und 4 Käsesorten zusammen:
Mailänder Salami, Ziegenweichkäse, luftgetrocknete Salami im Ring, Schweizer Emmentaler, Cabnossi, Tortenbrie, Cacciatore Salami, Allgäuer Emmentaler, Salami-Brezeln, Mini-Salamis und Salametti.

- Als Brotzeit für ca. 8 Personen (man rechnet ca. 200 bis 250 g pro Person)
- Kann maximal einen Tag vor Auslieferung zubereitet werden, gut abdecken
- Im Kühlhaus lagern (bei höchstens +7 °C)
- Viele Produkte, hoher Warenwert
- Milch

BROTZEITPLATTE

Für ca. 8 Personen

PLATTE

Serviertablett mit 2 Griffen, Walnussholz lebensmittelecht, 44,5 x 30 cm

GRUNDPRODUKTE

8 Scheiben Mailänder Salami
6 Scheiben Ziegenweichkäse
ca. 100 g luftgetrocknete Salami im Ring (der Länge nach, fein geschnitten)
17 kleine Scheiben Schweizer Emmentaler
12 Scheiben Cabanossi
9 Scheiben Tortenbrie
14 Scheiben Cacciatore Salami
ca. 250 g Allgäuer Emmentaler, gewürfelt
8 Stück Salami-Brezeln
ca. 150 g Mini-Salamis
3 dünne Salamettis

GARNITUR

glatte Petersilie

HERSTELLUNG PLATTE

(Informationen zu den Legetechniken finden Sie auf den Seiten 10 bis 13.)

Oben in der Mitte der Platte mit dem ersten Segment aus Mailänder Salami beginnen. Hierzu werden die Salamischeiben zu einem Drittel nach hinten umgeklappt und dann zweimal gefaltet. Die Salamischeiben in 3 Reihen auflegen.

Daneben die Scheiben vom Ziegenfrischkäse dachziegelartig auflegen.

Jetzt die hauchdünn geschnittenen Scheiben von der luftgetrockneten Ringsalami locker anrichten.

Um die Scheiben vom Schweizer Emmentaler zu platzieren, die Platte so weit im Uhrzeigersinn drehen, dass der zu belegende Bereich gerade vor einem liegt. Die Scheiben mit der Spitze nach oben dachziegelartig einfügen.

Als nächstes die schräg geschnittenen Scheiben von der Cabanossi in 3 Reihen anordnen.

Das nächste Feld mit 2 Reihen Brie auffüllen. Beim Legen die Platte immer wieder drehen, so dass man auf sich zu arbeitet. So entsteht ein gradliniges Gesamtbild.

Gegenüber der luftgetrockneten Ringsalami wird die Salami Cacciatore in 3 Reihen aufgelegt.

Das letzte freie Feld auf der Platte mit Käsewürfeln füllen.

AUSGARNIEREN

Den Freiraum in der Mitte der Platte mit glatter Petersilie auslegen. Darauf die Salamibrezeln versetzt anrichten. (Notfalls mit einem Zahnstocher befestigen).

Die dünnen Salamettis halbrund biegen, mit einem Zahnstocher feststecken und auf der Platte drapieren. Die Lücke mit Minisalamis ausfüllen.

VESPERPLATTE

Für ca. 10 Personen

PLATTE

Quadratische Glasplatte, 50 x 50 cm

GRUNDPRODUKTE

10 Scheiben gekochte Zwiebelmettwurst
16 Scheiben vom Blutwürstchen
10 Scheiben mittelgrobe Leberwurst
6 Mini-Frikadellen
10 Scheiben Hausmacher Sülze
16 Scheiben Cabanossi
10 Scheiben Fleischrotwurst in der Kraus
12 Leberkäspralinen, gefüllt
5 Mini-Salami-Zöpfchen

GARNITUR

Lollo bianco
Maiskölbchen aus dem Glas
schwarze Oliven
gelbe Cocktailtomaten
Mini-Paprika
grüne Oliven
frischer Salbei

MEIN TIPP

Für die rustikale Brotzeit schneidet man die Ware etwas dicker. Da man die dickeren Scheiben meist nur glatt auflegen kann, sollte man beim Anrichten auf die Farbkontraste achten.

HERSTELLUNG PLATTE

Platte so vor sich hinstellen, dass man die obere linke Ecke gerade vor sich hat.
Mit der ersten Scheibe der gekochten Zwiebelmettwurst in der Ecke beginnen. Fächerartig die Scheiben so auflegen, dass bis zum Mittelpunkt der Platte ein Feld entsteht.

Daneben die etwas schräg geschnittenen Scheiben von den Rotwürstchen dachziegelartig auflegen.

Platte etwas weiterdrehen, so dass man die zweite Ecke gerade vor sich hat. Die Scheiben der mittelgroben Leberwurst nach dem gleichen Schema wie die gekochte Zwiebelmettwurst auflegen. Etwas Platz für die Minifrikadellen lassen.

Platte im Uhrzeigersinn weiterdrehen, so dass man die dritte Ecke vor sich hat. Hier werden die Scheiben von der Sülze platziert.

Daneben reiht man die schräg geschnittenen Cabanossischeiben auf.

In die letzte Ecke werden die Scheiben von der Fleischrotwurst gelegt.

Die beiden Freiräume die rechts und links entstanden sind, mit Salat auslegen. Anschließend Leberkäsepralinen und Mini-Frikadellen darauf anrichten.

Salami-Zöpfchen schräg halbieren und im mittleren Feld der Platte, mit der Spitze nach oben, anrichten.

AUSGARNIEREN

Den Freiraum in der Mitte der Platte mit gelben Cocktailtomaten, die zum Teil halbiert sind, mit Maiskölbchen, schwarzen und grünen Oliven und Mini-Paprika garnieren. Mit frischen Salbeiblättern oder glatter Petersilie vervollständigen.

VESPERPLATTE

Eine Brotzeit muss deftig und würzig sein. Die Basis bildet Hausmacher Wurst. Ergänzt wird zum Beispiel mit Frikadellen, Leberkäse, rohem Schinken, kleinen Bratwürstchen aber auch deftigem Käse. Für den Vitaminschub sorgt eine Garnitur aus buntem Gemüse.

ZUSAMMENSETZUNG

Diese Platte setzt sich aus 9 Wurstspezialitäten zusammen: Gekochte Zwiebelmettwurst, Blutwürstchen, mittelgrobe Leberwurst, Mini-Frikadellen, Hausmacher Sülze, Cabanossi, Fleischrotwurst in der Kraus, gefüllte Leberkäspralinen, Mini-Salami-Zöpfchen.

- Als Brotzeit für ca. 10 Personen (man rechnet ca. 250 g pro Person)
- Kann maximal einen Tag vor Auslieferung zubereitet werden, gut abdecken
- Im Kühlhaus lagern (bei höchstens +7 °C)
- Viele Produkte, hoher Warenwert

SANDWICHTORTE MIT FRISCHKÄSE

Ein Sandwich ist eine ursprünglich englische, heute international verbreitete Bezeichnung für meist ungeröstete Toastbrotscheiben, die man beliebig belegt. Kalter Braten, Thunfisch, Käse, Ei-, Gurken- und Tomatenscheiben – ein Sandwich lässt sich stets neu erfinden und es darf alles drauf, was schmeckt. Das gilt auch für die Sandwichtorte. Ihre Füllung kann flexibel zusammengestellt sein – je nach Geschmack.

ZUSAMMENSETZUNG

Auf dieser Platte ist eine Sandwichtorte mit Frischkäse angerichtet.

- Als Teil eines Buffets für mindestens 24 Personen
- Sollte mindestens einen Tag vor Auslieferung zubereitet werden, gut abdecken. Am Tag der Auslieferung garnieren.
- Im Kühlhaus lagern (bei höchstens +7 °C)
- Braucht etwas Zeit, mittlerer Warenwert
- Weizen, Milch

SANDWICHTORTE MIT FRISCHKÄSE

Für ca. 24 Personen

PLATTE

Goldfarbene Schale kombiniert mit Platzteller aus Glas, Ø 33 cm

GRUNDPRODUKTE

je 2 Scheiben Tramezzinibrot mit Spinat, mit Tomate und Vollkorn (Fertigprodukt)
ca. 400 g Kräuterfrischkäse
1 Salatgurke
ca. 400 g gekochter Schinken
1 Bund Radieschen
ca. 400 g geriebener Käse
1 Kästchen Kresse

GARNITUR

ca. 500 g Frischkäse, natur
Schnittlauch
grüne Spargelspitzen (blanchiert oder TK)
kleine Tomatenrose
schwarze Oliven (ohne Stein)
gelbe Paprikawürfel
Salatgurke
glatte Petersilie
etwas bunter Pfeffer

MEIN TIPP

Anstelle des Tramezzinibrotes kann auch Toastbrot ohne Rinde verwendet werden. Gefüllt wird die Torte mit allen Zutaten die gut kombiniert werden können. Das kann auch Fisch (z. B. Lachs oder Thunfisch) mit Ei, Mais und Tomaten oder eine komplett vegetarische Kombination sein.

HERSTELLUNG SANDWICHTORTE

Eine Kuchenspringform mit Backpapier auslegen. Den Boden der Form mit zurechtgeschnittenen Scheiben Tramezzinibrot (Spinat) belegen. Etwa die Hälfte vom Kräuterfrischkäse aufstreichen. Gurken der Länge nach in Scheiben schneiden und diese dicht nebeneinander auf den Frischkäse legen.Den gekochten Schinken in kleine Würfel schneiden und darauf verteilen.

Zweite Schicht Tramezzini (Vollkorn) zurechtschneiden und auflegen. Etwas andrücken. Zweiten Teil vom Kräuterfrischkäse aufstreichen. Radieschen mit dem Küchenhobel Raspeln oder in Scheiben Schneiden und darauf verteilen. Den geriebenen Käse aufstreuen. Die Kresse vom Beet schneiden und auf dem Käse verteilen.

Letzte Schicht, zurechtgeschnittenes, Tramezzinibrot (Tomate) auflegen und andrücken.

Torte gut abdecken für mindestens 2 Stunden – am besten über Nacht – ins Kühlhaus stellen.

AUSGARNIEREN

Torte aus der Form lösen und anschließend komplett mit dem Naturfrischkäse einstreichen.

Auf die Torte ein kleines Arrangement aus geschnittenen Gurken-, Tomaten- und Olivenscheiben, Paprikawürfeln und Spargelspitzen setzen. In die Mitte etwas glatte Petersilie legen und mit einer kleinen Tomatenrose und buntem Pfeffer vervollständigen.

Kurz vor dem Servieren die Schnittlauchhalme am Rand rundherum festdrücken.

WEICHKÄSE-AUSWAHL

Für ca. 8 Personen

PLATTE

Weiße rechteckige Keramikplatte in Kombination mit Käsebesteck

GRUNDPRODUKTE

½ Stück Coulommiers
1 Stück Bresse Bleu
1 Stück Chaource
1 Stück Reblochon
1 Stück Weichkäse aus Ziegenmilch,

GARNITUR

ca. 150 g Frischkäse, natur
Apfelfächer, rot und grün (Anleitung siehe Seite 144)
Apfel, rot
Apfel, grün
Birne
Fruchtweiß oder Zitronensaft
blaue Trauben
Pistaziensplitter

HERSTELLUNG PLATTE

Strohmatte auf die Platte legen. Darauf einen halbierten Coulommiers legen.

In die Ecke der Platte die eine Hälfte des hochkant halbierten Bresse Bleu legen. Die zweite Hälfte davon unten etwas anschneiden, damit sie stehen bleibt und dann mittig auf die Platte stellen.

In die nächste Ecke den ganzen Chaource Weichkäse stellen.

Grünen und roten Apfel sowie die Birne auf der Aufschnitt-maschine oder dem Küchenhobel in dünne Scheiben schneiden. Kurz in Fruchtweiß legen oder mit Zitronensaft einpinseln. Rote und grüne Apfelscheiben und die Hälfte der Birnenscheiben fächerartig auf die Platte legen. Darauf den Reblochon anrichten.

Mit fünf Scheiben vom Ziegenweichkäse die Käserunde vervollständigen.

Frischkäse in einen Spritzbeutel mit glatter Tülle füllen und auf den quadratischen Weichkäse 3 Reihen spritzen. Mit Pistaziensplittern abstreuen.

AUSGARNIEREN

In die Freiräume blaue Trauben, rote und grüne Apfelfächer und Birnenscheiben stecken.

MEIN TIPP

Denken Sie daran, dass zu Käse nicht nur Trauben schmecken und bieten Sie zur Käseplatten separat eine Früchteauswahl, Nüsse und Trockenfrüchte an.

WEICHKÄSE-AUSWAHL

Diese Käseplatte bietet eine genussvolle Zusammenstellung hochwertiger Käsesorten. Bei so einer Auswahl ist der krönende Abschluss eines Menüs gesichert. Frisches Brot, Cracker und Trockenfrüchte dazu und der Abend kann genussvoll ausklingen.

ZUSAMMENSETZUNG

Diese Platte setzt sich aus 5 französischen Käsespezialitäten zusammen:
Coulommiers Weichkäse, Bresse Bleu Weichkäse, Chaource Weichkäse, Reblochon, und Cabrifin St. Maure Weichkäse aus Ziegenmilch.

- Als Käsedessert für mindestens 8 Personen
- Kann maximal einen Tag vor Auslieferung zubereitet werden, gut abdecken, schmeckt bei Zimmertemperatur
- Im Kühlhaus lagern (bei höchstens +7 °C)
- Schnelle Herstellung, hoher Warenwert
- Milch, Pistazien

FRISCHKÄSEVARIATIONEN

Kaum ein Milchprodukt ist so vielfältig einsetzbar wie Frischkäse: Sei es als Brotbelag, als Sahneersatz in Suppen und Saucen, zum Dippen von Gemüse und Brot oder sogar als Basis von locker-leichten Sommerkuchen und Desserts. Der beliebte Allrounder gehört daher auch zu den meisten Buffets.

ZUSAMMENSETZUNG

Auf dieser Platte werden 5 verschiedene Frischkäsevariationen angeboten:
Pesto-Frischkäse, Gemüse-Frischkäse, Mango-Curry-Dip und Ziegenkäse-Paprika-Dip.

- Als Teil eines Buffets oder zu einer Brot- und Gebäckauswahl als Snack für 4 bis 6 Personen
- Frischkäse kann 3 Tage im Voraus zubereitet werden. Angerichtet werden sollte er am Tag der Auslieferung.
- Im Kühlhaus lagern (bei höchstens +7 °C)
- Schnelle und einfache Herstellung
- Milch, Pinienkerne

FRISCHKÄSEVARIATIONEN

Für ca. 4 bis 6 Personen

PLATTE

Rechteckige Platte, schwarz kombiniert mit weißen Keramiklöffeln und Keramiktöpfchen mit Deckel

GRUNDPRODUKTE

Pesto-Frischkäse
Gemüse-Frischkäse
Mango-Curry-Dip
Ziegenkäse-Paprika-Dip

GARNITUR

Kapernäpfel
bunter Pfeffer
ausgestochene Karottenscheiben
Röllchen von der Frühlingszwiebel
Ananas
Minzblättchen
gezackte, gefüllte Oliven
kleine rote Paprikawürfel
glatte Petersilie

HERSTELLUNG PESTO-FRISCHKÄSE

Für etwa 500 g

400 g Frischkäse, natur
50 g Schmand
50 g Pesto

Frischkäse mit dem Schmand cremig aufschlagen. Pesto unterrühren.

HERSTELLUNG GEMÜSE-FRISCHKÄSE

Für etwa 500 g

100 g fein gewürfeltes Gemüse (z. B. Karotten, Lauch, Zucchini, Paprika)
300 g Frischkäse, natur
80 g Naturjoghurt
2 EL Gemüsemeerrettich (aus dem Glas)
Salz
Pfeffer
Zucker
einige Spritzer Zitronensaft

Fein gewürfeltes Gemüse blanchieren. Abschrecken und abtropfen lassen. Frischkäse mit Joghurt und Meerrettich in der Küchenmaschine oder mit dem Handmixer cremig aufschlagen. ⅔ der Gemüsewürfel unterheben und mit den Gewürzen und dem Zitronensaft abschmecken. Frischkäse anrichten und mit restlichen Gemüsewürfeln garnieren.

HERSTELLUNG MANGO-CURRY-DIP

Für etwa 500 g

3 EL Mangochutney
400 g Frischkäse mit Joghurt (oder Frischkäse „light")
2 EL Currypulver
Salz
Pfeffer
Zucker
einige Spritzer Limettensaft

Mangochutney im Blitzhacker fein pürieren. Joghurt-Frischkäse aufschlagen und mit Mangopüree und Currypulver mischen. Mit Salz, Pfeffer, Zucker und Limettensaft abschmecken.

MEIN TIPP

Zum Anliefern die Löffel und Töpfchen separat transportieren und erst vor Ort auf die Platte stellen.

HERSTELLUNG ZIEGENKÄSE-PAPRIKA-DIP

Für etwa 500 g

1 Paprikaschote, orange
200 g Ziegenfrischkäse
200 g Frischkäse
2 Knoblauchzehen
optional: etwas Naturjoghurt

Paprika würfeln und mit den beiden Frischkäsesorten und Knoblauch im Blitzhacker vermischen. Je nach gewünschter Konsistenz noch etwas Naturjoghurt hinzugeben.

HERSTELLUNG DES ARRANGEMENTS

Pesto-Frischkäse in einen Spritzbeutel mit glatter, runder Tülle füllen und jeweils eine Portion auf 4 Löffel spritzen. Mit Kapernäpfel aus dem Glas und grobem, buntem Pfeffer garnieren.

Gemüse-Frischkäse in 3 Töpfchen füllen. Für jedes Töpfchen 4 kleine Rauten aus einer Karottenscheibe ausstechen und auflegen. Mit kleinen Ringen von der Frühlingszwiebel vervollständigen.

Mango-Curry-Dip in einen Spritzbeutel mit großer, gezackter Tülle geben und in jedes Töpfchen eine große Rosette spritzen. Mit Ananasspalten und frischen Minzblättchen garnieren.

Ziegenkäse-Paprika-Dip in einen Spritzbeutel mit gezackter Sterntülle geben und auf 4 Löffel jeweils eine Rosette spritzen. 2 gefüllte Oliven mit einem kleinen spitzen Messer zacken, ein kleines Stückchen rote Paprika in die Mitte geben und auf dem Frischkäse anrichten. Mit glatter Petersilie vervollständigen.

Die Löffel und Töpfchen geradlinig auf die schwarze Platte stellen. Zur optischen Abwechslung, die Deckel zum Teil auf die Töpfchen geben.

GEMÜSE AUSSTECHEN

1 Kleine Garnituren lassen sich aus festen Gemüsesorten wie Karotten, Kohlrabi oder Rettich gut ausstechen. Ausgestochene Ornamente sind preisgünstig und dekorativ. Es gibt verschiedene Möglichkeiten, um Gemüse auszustechen. Entweder schneidet man das Gemüse, am besten auf der Aufschnittmaschine, in dünne Scheiben, legt diese aufeinander und sticht die entsprechenden Formen aus.

2 Eine zweite Möglichkeit, die vor allem bei sehr kleinteiligen Ausstechformen sinnvoll ist, besteht darin, dass man die Ausstechform in das Gemüse steckt, sie wieder herauszieht und dann Scheiben abschneidet. Bei dieser Variante brechen kleine Ausformungen nicht so leicht ab.

1

2

MARINIERTER SCHAFSKÄSE MIT RAPUNZELBROT

Frischer Schafskäse mit Olivenöl, Chili, Rosmarin und Knoblauch – dazu ein frisches Ciabatta-Brot – das findet nicht nur im Sommer Zuspruch. Auch anstelle einer bunten Käseplatte oder als Mitternachtssnack findet der herzhaft marinierte Käse Abnehmer.

ZUSAMMENSETZUNG

Diese Platte setzt sich aus Schafskäse mit verschiedenen Oliven, Mini-Paprika, Kapern und frischen Kräutern zusammen. Dazu wird Rapunzelbrot serviert.

- Für ca. 10 Personen (man rechnet ca. 100 g Käse pro Person)
- Kann gut vorbereitet werden, gut abdecken
- Im Kühlhaus lagern (bei höchstens +7 °C)
- Geringer Wareneinsatz, schnell zubereitet
- Weizen, Milch, Pinienkerne, Sesam

GEWÜRZ

MARINIERTER SCHAFSKÄSE MIT RAPUNZELBROT

Für ca. 10 Personen

PLATTE

Ovale Holzschale kombiniert mit ovaler Keramikschale, weiß

GRUNDPRODUKTE

10 Scheiben Schafskäse
1 Knoblauchzehe
250 ml Olivenöl
ca. 250 g Oliven schwarz
ca. 250 g Oliven grün
ca. 125 g Kapernäpfel
ca. 125 g Mini-Paprika
1 TL gerösteter Sesam
einige Chiliringe
schwarzer, geschroteter Pfeffer
Rapunzelbrot

GARNITUR

Frische Kräuter (Basilikum, Rosmarin)

HERSTELLUNG PLATTE

Schafskäse im Halbkreis in eine flache Schale legen.

Knoblauchzehe hacken oder durch die Presse drücken und mit dem Olivenöl mischen. Mischung über den Käse geben.

Oliven mit den Kapernäpfel mischen und auf dem hinteren Teil des Käses anrichten.

Mit Mini-Paprika Farbtupfer setzen.Gerösteten Sesam, Chiliringe und schwarzen Pfeffer aufstreuen.

ANRICHTEN

Mit Kräutersträußchen garnieren und mit Rapunzelbrot anrichten.

HERSTELLUNG RAPUNZELBROT

½ TL Zucker
375 g lauwarme Milch (2 EL zum Einpinseln aufheben)
375 g lauwarmes Wasser
2 Päckchen Trockenhefe
½ TL Salz
875 g Mehl
2 EL Olivenöl
2 EL rotes Pesto
2 EL grünes Pesto

Zucker, Milch, Wasser und Trockenhefe so lange verrühren, bis sich die Hefe aufgelöst hat. Beiseitestellen und 10 Minuten ziehen lassen. Salz und Mehl vermengen, mit dem Olivenöl und der Hefemischung zu einem geschmeidigen Teig verkneten.

1. Die Teigmasse zu 3 gleich großen Kugeln formen. Eine Kugel bleibt natur, in die zweite wird das rote Pesto eingeknetet und in die dritte das grüne. Die 3 Teigkugeln zugedeckt ca. eine Stunde gehen lassen.

2. Die Teige noch einmal gründlich durchkneten und jede Kugel zu einem Strang formen. Teigstränge zu einem Zopf flechten. Backblech mit Backpapier legen. Den Zopf drauflegen und mit Milch einpinseln. Zopf nochmals mindestens 30 Minuten gehen lassen.

3. In der Zwischenzeit den Backofen auf 190 °C vorheizen. Brot im vorgeheizten Backofen 25 Minuten backen. Um zu testen, ob das Weißbrot fertig gebacken ist, mit einem Löffel dagegen klopfen – wenn es hohl klingt, ist das Brot fertig.

1

2

3

DESSERTS & FRÜCHTE

SCHOKOLADEN-VARIATIONEN

Schokolade macht glücklich und bei diesen verschiedenen Schokoladen-Variationen ist für jeden süßen Gaumen etwas dabei. Die gezeigten Schokoladen-Desserts präsentieren sich ganz unterschiedlich, machen aber immer Lust zuzugreifen und finden garantiert bei jedem Buffet Anklang. Die Schokoladen-Mousse in den Schälchen ist sogar für Veganer geeignet.

ZUSAMMENSETZUNG

Dieses Arrangement setzt sich aus 5 Desserts mit Schokolade zusammen:
Veganes Schokoladen-Mousse, Schokoladen-Donuts mit Brombeeren, Mousse aus heller und dunkler Schokolade, dunkles Schokoladen-Mousse mit Himbeeren und Tarteletts mit Schokoladen-Ganache.

- Als Teil eines Dessertbuffets für ca. 6 Personen
- Kann maximal einen Tag vor Auslieferung zubereitet werden, gut abdecken.
  Ausgarnieren am Tag der Auslieferung.
- Im Kühlhaus lagern (bei höchstens +7 °C)
- Viele Produkte, mittlerer Zeitaufwand
- Weizen, Milch, Nüsse, Soja

SCHOKOLADEN-VARIATIONEN

Für ca. 6 Personen

PLATTE

Goldene Platten und Löffelchenchen
Einweg-Schälchen
Gläschen

GRUNDPRODUKTE

4 Schälchen veganes Schokoladen-Mousse
4 Schokoladendonuts (Fertigprodukt) mit Brombeeren
6 Gläser mit Mousse aus heller und dunkler Schokolade
9 Löffelchen mit dunkler Schokoladen-Mousse mit Himbeeren
9 Tarteletts mit Schokoladen-Ganache

GARNITUR

Kuvertüre
essbare Blüten
Schokoladenchips (Fertigprodukt)
Schokoladenstäbchen (Fertigprodukt)
Brombeeren
Himbeeren
Goldzucker

PRODUKTE VEGANES SCHOKOLADEN-MOUSSE

Für etwa 500 g vegane Dessert-Grundmasse

350 ml Sojamilch
100 ml Kokosmilch
50 g Basmatireis

Alle Zutaten in einen Topf geben und so lange unter Rühren kochen bis der Reis vollständig zerkocht ist. Masse abkühlen lassen.

Für etwa 500g

150 g vegane Dessert-Grundmasse
30 g Nussmus aus dem Glas
1–2 EL Ahornsirup
150 g Zartbitter-Kuvertüre
150 g vegane Schlagcreme

HERSTELLUNG VEGANES SCHOKOLADEN-MOUSSE

Nussmus und Ahornsirup unter die vegane Grundmasse rühren. Kuvertüre über dem Wasserbad oder in der Mikrowelle in einer trockenen Schüssel schmelzen. Vegane Schlagcreme steif schlagen. Dessert-Grundmasse mit geschmolzener Kuvertüre verrühren. Steif geschlagene Schlagcreme unterziehen.

Schokoladen-Mousse beliebig portionieren und kaltstellen.

MEIN TIPP

Die vegane Dessert-Grundmasse kann als Grundlage vielseitig eingesetzt werden. Sie kann beliebig mit Fruchtsoßen, Fruchtstückchen, Mandelmus oder anderen Zutaten abgewandelt werden.

PRODUKTE SCHOKOLADENDONUTS

4 Schokoladendonuts (Fertigprodukt, frisch oder TK)
4 Schokoladenchips
4 EL Schokoladen-Mousse (Fertigprodukt oder Rezept nebenstehend „Mousse aus dunkler Schokolade")
4 Brombeeren

ANRICHTEN SCHOKOLADENDONUTS

Donuts auf die Platte legen. Schokoladen-Mousse in einen Spritzbeutel mit Sterntülle füllen und eine kleine Rosette in die Mitte des Donuts spritzen. Schokoladenchips aufsetzen, nochmal einen Tupfer Schokoladen-Mousse aufspritzen und zuletzt eine Brombeere darauf arrangieren.

PRODUKTE MOUSSE AUS HELLER UND DUNKLER SCHOKOLADE

Für etwa 500 g dunkle Schokoladen-Mousse

150 g Zartbitterkuvertüre
350 ml Sahne
3 Blatt Gelatine

Für etwa 500g helle Schokoladen-Mousse

375 g weiße Schokolade
125 ml Sahne
3 Blatt Gelatine

HERSTELLUNG DUNKLE / HELLE SCHOKOLADEN-MOUSSE

Kuvertüre grob hacken. In einem runden Schlagkessel im heißen Wasserbad schmelzen (Achtung – es darf kein Wasser in die Schokolade kommen, sonst schmilzt sie nicht richtig). Sahne einmal aufkochen, zur Kuvertüre gießen und gut verrühren. Mit dem Schneidstab kurz durchmixen und abgedeckt über Nacht kaltstellen.

Gelatine in kaltem Wasser einweichen.

Abgekühlte Schokoladencreme mit einem Handrührer verrühren aber nicht zu steif schlagen.

Gelatine in ca. 2 EL heißem Wasser (mind. 70 °C) auflösen und in die aufgeschlagene Schokoladenmasse geben. Kurz durchrühren und sofort (sie muss noch flüssig sein) in die schräg gestellten Gläser füllen (Anleitung siehe Seite 211).

Schräg gestellte Gläser mit der ersten Schokoladen-Mousse kaltstellen. Erst wenn diese vollständig abgekühlt ist, die zweite Masse einfüllen.

Die Mousse hält sich mindestens 2–3 Tage im Kühlhaus.

SCHOKOLADEN-VARIATIONEN

Für ca. 6 Personen

PRODUKTE TARTELETTS MIT ZARTBITTER-SCHOKOLADEN-GANACHE

9 Tarteletts (Fertigprodukt)
300 ml Sahne
200 g Zartbitterschokolade

HERSTELLUNG TARTELETTS MIT ZARTBITTER-SCHOKOLADEN-GANACHE

Schokolade in Stücke hacken. Sahne in einem Topf aufkochen lassen und anschließend den Topf vom Herd ziehen. Schokolade hineingeben und mit einem Schneebesen gründlich verrühren, bis sich alle Stücke aufgelöst haben. Ganache etwas abkühlen lassen, in einen Spritzbeutel ohne Tülle füllen und in die Tarteletts geben. Mit Goldzucker betreuen und bei Zimmertemperatur abkühlen lassen.

MEIN TIPP

Ganache ist eine Creme aus Schokolade und Sahne. Je nach Schokoladensorte und Verwendungszweck ändert sich das Verhältnis der beiden Komponenten.

ANRICHTEN

Desserts herstellen und in entsprechende Schalen oder Gläser füllen.

Veganes Schokoladen-Mousse mit Kuvertüre-Dekor und essbarer Blüte garnieren.

Auf die Gläschen mit der Mousse aus heller und dunkler Schokolade jeweils ein Schokoladenstäbchen legen.

Tarteletts mit Schokoladen-Ganache in Pralinenmanschetten setzen und auf eine Platte stellen.

Löffelchen im gleichmäßigen Abstand auf eine Platte legen. Mousse aus dunkler Schokolade in einen Spritzbeutel mit Sterntülle geben und jeweils eine Rosette auf ein Löffelchen spritzen. Mit einer frischen Himbeere garnieren.

Alle fertigen Desserts auf Platten anrichten.

MEIN TIPP

Die Gläschen, Schälchen und Löffelchenchen können separat zum Kunden transportiert und erst vor Ort auf die Platten gesetzt werden. Um den Löffelchen Halt zu geben, kann man eine sehr dünne Schicht flüssige Gelatine (Verhältnis 4 Blatt Gelatine auf 1 Liter Wasser) auf die Platte gießen. Dann legt man die Löffelchen darauf und stellt das Ganze kurz ins Kühlhaus. Die Löffelchen halten fest, lassen sich aber bei Zimmertemperatur wieder ablösen.

HERSTELLUNG MOUSSE AUS HELLER UND DUNKLER SCHOKOLADE SCHRÄG IN GLÄSERN

Diagonal eingefüllte Massen sehen besonders in Glasgefäßen dekorativ aus. Verwendet man 2 Massen mit großem Farbkontrast, entsteht ein besonders attraktives Bild. Damit die Flüssigkeiten nicht ineinander verlaufen, muss zumindest die untere mit Gelatine oder einem anderen Bindemittel stabilisiert werden.

1. Um die Gläser schräg zu stellen, benötigt man eine Schale und eine relativ große Menge Reis, Salz, Zucker oder Gries. Das Füllmaterial wird so hoch in eine Schale gefüllt, dass die Gläser schräg hineingesetzt werden können.

2. Die erste Masse wird eingefüllt und so lange kalt gestellt bis die Masse fest ist.

3. Nach dem Festwerden stellt man die Gläser gerade auf die Arbeitsfläche und füllt die zweite Masse ein.

1

2

3

GEMISCHTE DESSERTAUSWAHL

Für viele Feinschmecker ist es gar keine Frage: Das Beste kommt zum Schluss! Süßigkeiten und Desserts sind nicht nur als Finale eines festlichen Menüs ein Muss. Die Auswahl ist groß. Ob cremig süß, erfrischend leicht oder fruchtig – für jeden gibt es das Passende.

ZUSAMMENSETZUNG

Dieses Arrangement setzt sich aus 4 verschiedenen Desserts zusammen:
Campari-Orangen-Terrine, Melonen-Erdbeer-Salat, Zimtfrüchte mit Vanillecreme und Champagnercreme.

- Teil eines Dessertbuffets für ca. 8 Personen
- Kann zum Teil vorbereitet werden
- Im Kühlhaus lagern (bei höchstens +7 °C)
- Mittlerer Warenwert
- Milch, Ei, Pistazien
- Alkohol

GEMISCHTE DESSERTAUSWAHL

Für ca. 8 Personen

PLATTE

Schälchen aus Kunststoff
Glasklar Cristal, Inhalt 50 ml
Glasklar Cristal, Inhalt 70 ml
Champagnerkorken

GRUNDPRODUKTE

9 Schälchen Campari-Orangen-Terrine,
500 g Melonen-Erdbeer-Salat
6 Schälchen Zimtfrüchten mit Vanillecreme
8 Schälchen Champagnercreme

GARNITUR

Minzblätter
Kumquatscheiben
Blaubeeren
gewürfelte Erdbeeren
Pistaziensplitter

PRODUKTE CAMPARI-ORANGEN-TERRINE

Für etwa 500 g

150 ml Orangensaft (am besten frisch gepresst)
150 ml Camapri
200 g Orangenfilets (frisch oder aus der Dose)
6 Blatt Gelatine (wenn das Dessert gestürzt werden soll bitte die doppelte Menge Gelatine verwenden)

MEIN TIPP

Das Verhältnis von Campari und Orangensaft kann beliebig verändert werden. Je nachdem, wie ausgeprägt die bittere Camparinote und der Alkoholgehalt sein soll.

HERSTELLUNG CAMPARI-ORANGEN-TERRINE

Gelatine in kaltem Wasser einweichen. Campari erhitzen, vom Herd nehmen und die ausgedrückten Gelatineblätter darin auflösen. Orangensaft und abgetropfte Orangenfilets dazugeben und umrühren.

Etwas abkühlen lassen und in Portionsschälchen füllen.

PRODUKTE MELONEN-ERDBEER-SALAT

Für etwa 500 g

200 g Erdbeeren
200 g Melonenbällchen (Convenience, frisch oder TK)
80 g Blaubeeren
1 EL Orangenlikör
1 EL Puderzucker

HERSTELLUNG MELONEN-ERDBEER-SALAT

Erdbeeren waschen, putzen und in Achtel schneiden. Blaubeeren, Melonenbällchen und Erdbeeren mischen.

Puderzucker im Orangenlikör auflösen und über die Früchte geben.

PRODUKTE ZIMTFRÜCHTE MIT VANILLECREME

Für etwa 500 g Zimtfrüchte

300 g rote Beeren (Erdbeeren, Himbeeren, Johannisbeeren, Kirschen; TK oder frisch)
150 g Kirschnektar
½ TL Zimt
10 g Speisestärke
Zucker nach Bedarf

Für etwa 500 g Vanillecreme

250 ml Milch
1 Päckchen Vanillepuddingpulver
200 g Mascarpone
1 TL Vanillezucker
Mark einer Vanillestange

HERSTELLUNG ZIMTFRÜCHTE MIT VANILLECREME

Beeren waschen, verlesen, evtl. Teilen. Johannisbeeren von den Rispen streifen, Kirschen entstielen und entkernen.

3 EL vom Kirschsaft mit der Speisestärke und dem Zimt verrühren. Restlichen Kirschsaft aufkochen.

Angerührte Speisestärke hineinrühren, einmal aufkochen, vom Herd nehmen. Früchte hineingeben und umrühren. Abkühlen lassen und portionieren.

Milch aufkochen und nach Packungsanweisung einen Vanillepudding damit herstellen. (Die Konsistenz des Desserts entsteht dadurch, dass weniger Milch benutzt wird, als auf der Packungsanweisung zu lesen ist.) Den Pudding nach dem Kochen nur kurz erkalten lassen.

Mascarpone in eine Rührschüssel geben, Vanillezucker und Vanillemark einrühren. Vanillepudding mit dem Handrührgerät oder der Küchenmaschine unter den Mascarpone schlagen.

Abgekühlte Creme in einen Spritzbeutel mit Sterntülle füllen und auf die Zimtfrüchte spritzen.

PRODUKTE CHAMPAGNERCREME

Für etwa 500 g

5 Blatt weiße Gelatine
125 ml Champagner oder trockener Sekt
80 g Zucker
2 Eigelb
1 EL Zitronensaft
1 EL Orangenlikör
250 ml Sahne

HERSTELLUNG CHAMPAGNERCREME

Gelatine in kaltem Wasser einweichen. Champagner, Zucker und Eigelb über dem heißen Wasserbad zur Rose abziehen. Gelatine in 2 EL nicht mehr kochendem Wasser auflösen und im langsamen Strahl unter die Masse ziehen. Zitronensaft und Likör unterrühren und die Creme kaltstellen. Dabei ab und zu umrühren. Sahne steif schlagen. Sobald die Creme fest zu werden beginnt, Sahne unterheben.

Creme in einen Spritzbeutel mit Lochtülle füllen und in die Schälchen spritzen. Kaltstellen.

ANRICHTEN ARRANGEMENT

Platten und Schalen anordnen.

Schälchen mit Campari-Orangen-Terrine auf die erste Platte stellen. Aus Minzblättchen, Scheiben von der Kumquat und Blaubeeren Spieße herstellen und diese am Rand des Schälchens fixieren.

Erdbeer-Melonen-Salat in entsprechenden Schalen anrichten.

Schälchen mit Zimtfrüchten und Vanillemousse auf der Platte anrichten. Gewürfelte Erdbeeren und Pistaziensplitter aufstreuen.

Schälchen mit Champagnercreme auf die Glasplatte stellen.

SÜSSES ZUM KAFFEE

Nicht nur beim „Kaffeekränzchen" finden diese kleinen Naschereien Abnehmer. Zu einer guten Tasse Kaffee oder einem Espresso, der nach dem Essen gereicht wird, passen die kleinen Sünden hervorragend.

ZUSAMMENSETZUNG

Dieses Arrangement setzt sich aus 5 verschiedenen Süßigkeiten zusammen:
Mini-Nussecken, Petit Fours, Champagner- und Eierlikörtrüffel, Macarons.

- Teil eines Dessertbuffets oder zum Kaffee für ca. 15 Personen
- Kann gut vorbereitet werden
- Kühl lagern
- Hoher Materialwert, schnell angerichtet
- Weizen, Milch, Ei, Haselnuss, Pistazien

SÜSSES ZUM KAFFEE

Für ca. 15 Personen

PLATTE

Diverse goldene Schälchen und Döschen in antikem Stil

GRUNDPRODUKTE

ca. 20 Stück Mini-Nussecken
je 9 Stück Himbeer-Macarons, Karamell-Macarons, Pistazien-Macarons, Schokoladen-Macarons (Fertigprodukt)
7 Petit Fours (Fertigprodukt, TK oder vom Konditor)
ca. 12 Stück Eierlikörtrüffel (vom Konditor)
ca. 6 Stück Champagnertrüffel (vom Konditor)

PRODUKTE NUSSECKEN

Für ein Blech (ca. 20 x 30 cm)

Für den Knetteig:
150 g Weizenmehl
½ TL Backpulver
65 g Zucker
1 Päckchen Vanillezucker
1 Ei
65 g kalte Butter

Für den Belag:
2 EL Aprikosenmarmelade
100 g Butter
100 g Zucker
1 Päckchen Vanillezucker
2 EL Wasser
100 g gemahlene Haselnusskerne
100 g Haselnusskerne in Scheiben

Für den Schokorand:
50 g Kuvertüre

HERSTELLUNG NUSSECKEN

Mehl mit Backpulver mischen und auf die Tischplatte sieben. In der Mitte eine Vertiefung eindrücken. Zucker, Vanillezucker und Ei hineingeben und mit einem Teil des Mehls zu einem Brei verarbeiten. Butter in Stücke schneiden und dazugeben. Alle Zutaten schnell zu einem Teig verkneten. Sollte der Teig kleben, ihn eine zeitlang kaltstellen. Teig zu einem Rechteck auf ein mit Backpapier ausgelegtes Blech rollen. Mit Aprikosenmarmelade besteichen.

Für den Belag Butter mit Zucker, Vanillezucker und Wasser langsam in einem Topf erwärmen. Nüsse unterrühren und kurz aufkochen. Masse etwas abkühlen lassen und gleichmäßig auf dem Teig verteilen. Im vorgeheizten Backofen bei 180 °C ca. 30 Minuten backen.

Das Gebäck etwas abkühlen lassen. Anschließend erst in Quadrate, dann in Dreiecke schneiden.

Kuvertüre im Wasserbad oder in der Mikrowelle schmelzen und die Ränder der Nussecken hineintauchen. Auf Backpapier abkühlen lassen.

MEIN TIPP

Die Nussecken halten sich in einer verschlossenen Dose mindestens 4 Wochen.

ANRICHTEN ARRANGEMENT

Nussecken in eine Schale füllen.

Macarons auftauen lassen und Sorte für Sorte in Reihen in eine Schale mit Rand schichten.

Petit Fours auf die Tortenplatte setzen.

Pralinen ebenfalls drapieren.

DOUBLE-CHOCOLATE-BROWNIES

Für ca. 10 Personen

PLATTE

Platte/Teller aus Porzellan, goldfarben, mit Standfuß

GRUNDPRODUKTE

10 dreieckige Brownies

GARNITUR

Schokoladenstäbchen (Fertigprodukt)
Schokoladenmousse (siehe Seite 209)
Karamellpralinen
Minzblättchen

PRODUKTE BROWNIES

Für etwa 20 Dreiecke

125 g Edelbitterschokolade
125 g Butter
125 g Vollmilchschokolade
2 Eier
125 g Zucker
1 Päckchen Vanillezucker
125 g Mehl
50 g Kakao

HERSTELLUNG BROWNIES

Eine rechteckige Backform (ca. 15 x 20 cm) mit Backpapier auslegen oder buttern.

Edelbitterschokolade mit der Butter im Wasserbad schmelzen. Vollmilchschokolade hacken.

Eier schaumig schlagen und den Zucker und Vanillezucker langsam einrühren und solange weiterschlagen, bis eine cremige Masse entstanden ist. Mehl und Kakao mischen und in die Ei-Zucker-Mischung rühren. Schokostücke sowie die Schoko-Butter-Mischung unterheben.

In die Backform füllen und ca. 25 Minuten bei 200 °C im vorgeheizten Ofen backen (Stäbchenprobe: sollte noch etwas feucht sein). In der Form auskühlen lassen.

ANRICHTEN

Kuchen aus der Form nehmen und zu Dreiecken schneiden.

Schokoladenmousse in einen Spritzbeutel mit Sterntülle füllen und auf jedes Dreieck einen kleinen Tupfer spritzen.

Schokoladenstäbchen und Karamellpraline in den Moussetupfer setzen und mit Minzblättchen garnieren.

MEIN TIPP

Die Brownies lassen sich gut vorbereiten. Man kann sie fertig geschnitten tiefkühlen und nach Bedarf herausnehmen und garnieren.

Den Teig kann man mit grob gehackten Nüssen anreichern. Walnüsse, Pecanüsse oder auch Pinienkerne eigenen sich gut. (Dann bitte auf zusätliche Allergene achten)

DOUBLE-CHOCOLATE-BROWNIES

Die amerikanische Antwort auf Schokoladenkuchen heißt: Brownie. Zur Herstellung verwendet man einen Rührteig mit wenig Mehl dafür aber Kakaopulver. Für die Variante Double chocolate wird zusätzlich zerkleinerte Schokolade zugegeben. Die kleinen Kuchenecken zeigen sich hier von ihrer besten Seite.

ZUSAMMENSETZUNG

Auf diesen Platten sind Brownies mit Schokoladenstäbchen und Karamellpralinen angerichtet.

- Als Teil eines Dessertbuffets oder zum Kaffee für ca. 10 Personen
- Kann gut vorbereitet werden. Lässt sich tiefkühlen.
- Kühl lagern
- Einfache Herstellung
- Weizen, Milch, Ei

SÜSSE VERFÜHRER

Petit Fours oder edle Mini-Kuchen sind süße Verführer, die einem Buffet das gewisse Etwas verleihen können. Sie schmecken zu einer Tasse frisch gebrühtem Kaffee und lassen Genießerherzen höherschlagen. Auch wenn die kleinen Verführer nicht auf jedem Buffet Platz finden, es lohnt sich, wenn Sie sich zu einem besonderen Anlass doch auch einmal an die kleinen Kunstwerke wagen.

ZUSAMMENSETZUNG

Diese Platte setzt sich aus 3 verschiedenen kleinen Kuchen zusammen:
Fruchttörtchen, dreistöckigen Schokoladentörtchen und schwarz-weiße Türmchen.

- Als Teil eines Dessertbuffets für ca. 6 Personen
- Kann zum Großteil vorbereitet werden
- Im Kühlhaus lagern (bei höchstens +7 °C)
- Hoher Arbeitsaufwand
- Weizen, Milch, Ei, Haselnuss

SÜSSE VERFÜHRER

Für ca. 6 Personen

PLATTE

kleine Tellerchen
2 Holzplatten

GRUNDPRODUKTE

Fruchttörtchen
dreistöckige Schokoladentörtchen
schwarz-weiße Türmchen

GARNITUR

Johannisbeeren
Holunderblüten
Fondantblümchen
Zuckerperlen
Schokoladenfächer
Blaubeere
Minzblättchen
rosa Zuckerstreusel

PRODUKTE BASISKUCHEN

4 Stück Eier
200 g Zucker
1 Päckchen Vanillezucker
200 ml Öl
200 ml Milch
300 g Mehl
1 Päckchen Backpulver

Zusätzlich für Basiskuchen dunkel:
50 g Kakao
50 ml Milch

HERSTELLUNG BASISKUCHEN

Eier mit dem Zucker und Vanillezucker in der Küchenmaschine schaumig rühren. Öl und Milch bei weiterem rühren in feinem Strahl einfließen lassen. Mehl mit dem Backpulver sieben und unterziehen.

Für den dunklen Basiskuchen: Zusätzlich Kakao und Milch unterrühren.

MEIN TIPP

Anstelle der Milch kann auch jeder Fruchtsaft oder Likör verwendet werden. Dieser Basiskuchen ist vielseitig einsetzbar. Er kann für alle 3 Minikuchen verwendet werden und ist durch die Zugabe der verschiedenen Säfte oder Liköre abwandelbar.

PRODUKTE CREMIGE FRUCHTTÖRTCHEN

Für etwa 10 Stück

Dunkler Tortenboden (halbes Basiskuchen-Rezept oder dunkler Biskuitboden vom Konditor)

Für die Cremes:
600 g Mascarpone
150 g Zucker
300 g Crème fraîche
9 Blatt Gelatine
je 100 g Blaubeer- und Johannisbeerpüree

MEIN TIPP

Für die Cremes kann auch jedes andere Fruchtpüree verwendet werden. Sehr gut passen alle Beerenpürees sowie Aprikosen- oder Mangopüree.

HERSTELLUNG FRUCHTTÖRTCHEN

Kuchenboden mit dem Dessertring ausstechen. Kuchen im Dessertring lassen und das Ganze auf ein Tablett stellen (Tablett am besten ohne Rand, das erleichtert nachher das Herunternehmen).

Mascarpone und Zucker glattrühren. Crème fraîche unterziehen. Masse mit der Küchenmaschine aufschlagen bis sie cremige Spitzen zieht. Creme in 3 Portionen teilen.

Gelatine in kaltem Wasser einweichen. Die beiden Beerenpürees getrennt erwärmen. Je 3 Blatt Gelatine ausdrücken und darin auflösen. Beerenpürees etwas abkühlen lassen und in jeweils ein Drittel der Mascarponecreme einrühren. Die übrigen 3 Blatt Gelatine ausdrücken, ebenfalls auflösen und unter die restliche weiße Mascarponecreme rühren.

Weiße Mascarpone-, Johannisbeer- und Blaubeercreme aufeinander in die Ringe schichten. Dabei darauf achten, dass die Schichten in etwa gleich dick sind.

Die Fruchttörtchen mindestens 4 Stunden, besser über Nacht, durchkühlen.

AUSGARNIEREN FRUCHTTÖRTCHEN

Kurz vor dem Anrichten Dessertringe entfernen und mit Johannisbeeren und Holunderblüten garnieren.

MEIN TIPP

Die Mascarponecreme kann auch ohne Kuchenboden in Gläser geschichtet werden.Sie lässt sich gut vorbereiten und ist durch die Zugabe der unterschiedlichen Fruchtpürees sehr variabel.

PRODUKTE DREISTÖCKIGE SCHOKOLADENTÖRTCHEN

Für etwa 10 Stück

Dunkler Tortenboden (ein ganzes Basiskuchen-Rezept oder dunkler Biskuitboden vom Konditor)

Für die Zartbitter-Ganache:
200 g Zartbitter-Kuvertüre
200 ml Sahne

Für die Ganache aus weißer Schokolade:
100 g weiße Schokolade
100 ml Sahne

Herstellung Ganache:
Jeweils die Sahne in einem Topf aufkochen.
Vom Herd nehmen und die gehackte Schokolade unter Rühren darin auflösen.

Garnitur:
50 g Fondant, rosa
10 Stück goldene Zuckerperlen
etwas Bäckerstärke

Herstellung siehe Seite 226.

SÜSSE VERFÜHRER

Für ca. 6 Personen

HERSTELLUNG DREISTÖCKIGE SCHOKOLADENTÖRTCHEN

1 Ein Tablett mit Backpapier oder Pergament auslegen. Kuchengitter aufstellen. Aus dem Kuchen mit den runden Ausstechern von jeder Größe zehn Ringe ausstechen und auf das Kuchengitter setzen.

2 Die großen und kleinen ausgestochenen Kuchenböden mit der noch warmen, dunklen Ganache überziehen. Die mittelgroßen Kuchen mit der weißen Ganache überziehen. Alle überzogenen Kuchen für einige Stunden, am besten über Nacht, kaltstellen. Die gut gekühlten, überzogenen Schokoladenkuchen der Größe nach, aufeinandersetzten.

3 Den rosa farbigen Fondant mit etwas Bäckerstärke zu einer Platte mit einer Stärke von ca. 3 mm ausrollen und kleine Blüten ausstechen.

AUSGARNIEREN DREISTÖCKIGE SCHOKOLADENTÖRTCHEN

Die kleinen Kuchen mit den Blüten verzieren und mit den Goldperlen vervollständigen.

MEIN TIPP

Die Schokoladentörtchen können gut vorbereitet werden. Kühl gelagert halten sie sich mindestens 3 Tage.

1

2

3

PRODUKTE SCHWARZ-WEISSE TÜRMCHEN

Für etwa 10 Stück

1 Rezept Basiskuchen hell
50 g Kakao
50 ml Milch

Zutaten für Schokoglasur:
100 g Zartbitterkuvertüre
100 ml Sahne
20 g Kokosfett
200 g Nuss-Nougat-Creme

Für die Garnitur:
10 Schokoladenfächer aus Zartbitterschokolade (Fertigprodukt)
10 Blaubeeren
50 g Dekorzucker, rosa
10 Minzblättchen

HERSTELLUNG SCHWARZ-WEISSE TÜRMCHEN

Backblech mit Backpapier auslegen und einen Backrahmen (ca. 25 x 20 cm) aufstellen. Backofen auf 160 °C vorheizen.

Ein Rezept Basiskuchen hell, zubereiten. Die Hälfte des Teiges in den Backrahmen füllen, glattstreichen und bei 160 °C ca. 30 Minuten backen. In der Zwischenzeit den übrigen Teig mit dem zusätzlichen Kakao und der Milch glattrühren.

Backrahmen vom fertig gebackenen hellen Kuchen lösen und wieder auf ein mit Backpapier ausgelegtes Backblech stellen. Dunklen Teig einfüllen und ebenfalls ca. 30 Minuten backen. Helle und dunkle Teigplatte zum Auskühlen auf ein Kuchengitter legen.

Dunkle Teigplatte mit ⅔ der Nuss-Nougat-Creme bestreichen. Helle Teigplatte aufsetzten und leicht andrücken. Die nun doppelte Teigplatte mit einem scharfen Messer der Länge nach halbieren. Auf die eine Hälfte die restliche Nuss-Nougat-Creme streichen, die andere Hälfte aufsetzten und wieder leicht andrücken.

Den vierstöckigen Kuchen noch mal der Länge nach halbieren, so dass 2 vierstöckige Kuchenstreifen entstehen. Aus den Streifen jeweils 5 Quadrate schneiden. Diese auf ein Kuchengitter oder auf Backpapier setzten.

Für die Schokoglasur Sahne aufkochen, vom Herd nehmen. Gehackte Kuvertüre und Kokosfett in die heiße Sahne geben. So lange rühren bis die Kuvertüre geschmolzen ist und eine glänzende Glasur entsteht.

Die handwarme Glasur mit einer kleinen Schöpfkelle über die kleinen Kuchen gießen. Die Oberseite sollte vollständig überzogen sein. Am Rand reicht es aus, wenn die Schokoladenglasur etwas „herunterläuft".

AUSGARNIEREN SCHWARZ-WEISSE TÜRMCHEN

Bevor die Schokoladenglasur anzieht, die Garnitur aus einem Schokoladenfächer, einer Blaubeere, einem Minzblättchen und etwas rosa Dekorzucker aufsetzen.

Die schwarz-weißen Türmchen kühl stellen.

ANRICHTEN ARRANGEMENT

Die kleinen Kuchen auf einer Platte oder Etagere anrichten.

WEISSE JOGHURT-SCHOKOLADEN-CREME MIT GRANATAPFELKOMPOTT

Der Granatapfel gilt als die Powerfrucht aus dem Orient. Neben dem köstlichen Geschmack sprechen die vielen Vitalstoffe für den Genuss. Als Symbol der Liebe, Fruchtbarkeit und der ewigen Jugend ist der Granatapfel sehr beliebt. Sowohl die Kerne als auch der Saft können vielseitig verwendet werden. Der Granatapfel kann herzhafte Gerichte verfeinern und süße Speisen bereichern.

ZUSAMMENSETZUNG

Auf diesem Arrangement ist eine Joghurt-Schokoladen-Creme mit Granatapfelkompott angerichtet.

- Als alleiniges Dessert für ca. 6 Personen
- Kann bis zu 2 Tage vor Auslieferung zubereitet werden, gut abdecken
- Im Kühlhaus lagern (bei höchstens +7 °C)
- Mittlerer Warenwert
- Milch

WEISSE JOGHURT-SCHOKOLADEN-CREME MIT GRANATAPFELKOMPOTT

Für ca. 6 Personen

PLATTE

Glasplatten, tiefenschwarz, 29,5 x 15 x 3cm
Glasschälchen, doppelwandig, Inhalt ca. 80 ml

GRUNDPRODUKTE

3 Granatäpfel
2 EL Speisestärke
150 g weiße Schokolade
150 g griechischer Joghurt
1 EL Puderzucker
2 EL Honig
1 EL Limettensaft
200 ml Sahne

PRODUKTE WEISSE JOGHURT-SCHOKOLADEN-CREME

Für etwa 500 g

150 g weiße Schokolade
150 g griechischer Joghurt
1 EL Puderzucker
2 EL Honig
1 EL Limettensaft
200 ml Sahne

GARNITUR

Granatapfelkerne
Limettenzesten (Anleitung siehe Seite 133)

HERSTELLUNG WEISSE JOGHURT-SCHOKOLADEN-CREME

2 Granatäpfel halbieren und entsaften. Am besten verwendet man eine Zitruspresse. Man benötigt etwa 200 ml Saft. (Notfalls mit anderem roten Saft oder Rotwein auffüllen.) Von einem Granatapfel die Kerne herauslösen und beiseitestellen.

Granatapfelsaft in einen Topf geben und erhitzen. Speisestärke in 2 EL kaltes Wasser einrühren. Sobald der Saft kocht den Topf die aufgelöste Speisestärke einrühren und unter Rühren etwa eine Minute köcheln lassen. Abkühlen lassen.

Weiße Schokolade in Stücke brechen und über einem heißen Wasserbad oder in der Mikrowelle schmelzen.

Griechischen Joghurt mit dem Puderzucker, dem Honig und dem Zitronensaft verrühren. Sahne steif schlagen. Zuerst die aufgelöste weiße Schokolade mit dem Joghurt verrühren und dann vorsichtig die Sahne unterheben.

Ausgelöste Granatapfelkerne, bis auf einige für die Garnitur, unter die Granatapfelsauce rühren.

ANRICHTEN ARRANGEMENT

Joghurt-Schokoladen-Creme in die Gläser füllen (etwas für die Garnitur übriglassen). Granatapfelkompott darauf verteilen und Kaltstellen. Restliche Joghurt-Schokoladen-Creme in einen Spritzbeutel mit Sterntülle füllen und auf jedes Glas eine Rosette spritzen.

Mit Granatapfelkernen und Limettenzesten vervollständigen. Gläser auf die schwarzen Platten stellen.

GRANATAPFEL ENTKERNEN

1 Um die Kerne aus Granatäpfeln zu lösen benötigt man ein scharfes Messer, eine Schüssel zum Auffangen der Kerne und einen Teigschaber oder Kochlöffel.

2 Die Granatäpfel werden quer halbiert und in die hohle Hand gelegt. Mit einem Teigschaber oder Kochlöffel klopft man fest auf den Apfel. Die Kerne fallen heraus. Es ist ratsam mit Handschuhen zu arbeiten, um saubere Hände zu behalten.

MEIN TIPP

Inzwischen gibt es Granatapfelkerne auch im Handel.

1

2

GANZ IN WEISS

Dieses Dessertarrangement passt nicht nur zum „White Dinner“. Ob auf dem klassischen Hochzeitsbuffet oder als Dessert beim Flying-Buffet. Die kleinen Naschereien erfreuen fast alle Naschkatzen.

ZUSAMMENSETZUNG

Dieses Arrangement setzt sich aus 4 Desserts zusammen: Chia-Joghurt mit Blaubeeren, Milchreis unter einer Baiserhaube, Kokosmousse auf schwarzem Sesam sowie Joghurtmousse. Kombiniert wird mit Kokospralinen und weißen Schaumküsschen.

- Als Teil eines Dessertbuffets für ca. 4 bis 5 Personen
- Kann zum Großteil gut vorbereitet werden
- Im Kühlhaus lagern (bei höchstens +7 °C)
- Aufwendig, viele Produkte
- Milch, Ei, Sesam, Mandel

GANZ IN WEISS

Für ca. 4 bis 5 Personen

PLATTE

Etagere
Gläschen
Löffel

GRUNDPRODUKTE

3 Gläser mit Chia-Joghurt mit Blaubeerkompott
3 Tassen mit Milchreis (selbstgemacht oder Fertigprodukt) unter einer Baiserhaube
4 Gläschen mit Kokosmousse auf schwarzem Sesam
4 Gläschen mit Joghurtmousse
3 Kokospralinen (Fertigprodukt)
3 weiße Schaumküsschen (Fertigprodukt)

GARNITUR

weiße, essbare Blüten
schwarzer Sesam und Kokosraspel
Brombeere mit Spießchen

PRODUKTE CHIA-JOGHURT

Für etwa 500 g

350 g griechischer Joghurt
100 g Mandelmilch
50 g Chiasamen

HERSTELLUNG CHIA-JOGHURT

Chia-Samen in die Mandelmilch geben und gut verrühren. Mischung etwa eine Stunde einweichen.

Den Joghurt unterrühren portionieren und kaltstellen.

PRODUKTE BLAUBEERKOMPOTT

Für etwa 500 g

100 ml Himbeersirup
400 g tiefgefrorene wilde Blaubeeren
1 Päckchen Vanillezucker
2 TL Speisestärke

HERSTELLUNG BLAUBEERKOMPOTT

Himbeersirup und Blaubeeren in einen Topf geben und unter Rühren erhitzen. Vanillezucker unterrühren.

Stärke mit wenig kaltem Wasser verrühren und in die Blaubeeren einrühren. Unter Rühren eine Minute kochen.

Auskühlen lassen und auf dem Chia-Joghurt verteilen.

PRODUKTE MILCHREIS

Für etwa 500 g

400 ml Milch
100 g Milchreis (Rundkorn- oder Risotto-Reis)
1 Prise Salz
1 Vanilleschote
Zucker nach Belieben

HERSTELLUNG MILCHREIS

Milch in einen Topf geben. Reis einstreuen und umrühren, sodass er gleichmäßig in der Milch verteilt ist. Salz zum Milchreis geben.

Zucker erst später einstreuen, sonst wird der Reis nicht richtig gar bzw. nicht cremig.

Vanilleschote aufschneiden. Mit der Messerspitze das Vanillemark aus der Schote direkt in den Topf mit dem Milchreis kratzen. Vanilleschote ebenfalls zugeben.

Alles unter Rühren aufkochen. Dann zugedeckt bei milder Hitze ca. 25 Minuten garen. Milchreis zwischendurch immer wieder umrühren.

Milchreis von der Herdplatte nehmen. Vanilleschote entfernen. Zucker einrühren. Falls der Reis zu fest ist, einfach etwas kalte Milch unterrühren. Milchreis in feuerfeste Schälchen oder Espressotassen abfüllen und kühl stellen.

PRODUKTE BAISERHAUBEN

Für etwa 8 Häubchen

2 sehr frische Eiweiße
1 Prise Salz
einige Tropfen Zitronensaft
100 g Puderzucker

HERSTELLUNG BAISERHAUBEN

Für die Baiser-Masse die Eiweiße mit einer Prise Salz und Zitronensaft in eine trockene, fettfreie Schüssel geben und mit den Schneebesen des Handrührgerätes aufschlagen.

Zucker unter ständigem Schlagen nach und nach in die Baiser-Masse einrieseln lassen. Masse so lange weiter schlagen, bis sich der Zucker in der Baiser-Masse gelöst hat und eine feste, glänzende Creme entstanden ist.

Fertige Baiser-Masse mit Hilfe eines Esslöffels oder Spritzbeutels auf den Milchreis geben und im vorgeheizten Ofen bei 180 °C ca. 15 Minuten goldgelb backen. Am besten sofort servieren.

PRODUKTE SCHWARZE SESAMPASTE

Für etwa 100 g

80 g schwarzer Sesam
2 EL neutrales Öl
etwas grobes Salz

HERSTELLUNG SCHWARZE SESAMPASTE

Sesam in einer Pfanne ohne Fett anrösten bis es duftet, dabei die Pfanne immer wieder schwenken.

Sesam in den Blitzhacker geben und zerkleinern. Zerkleinerten Sesam mit dem Salz in einem Mörser verreiben. Öl untermischen. Sesampaste hält sich im Vakuumbeutel oder in einem verschlossenen Glas etwa eine Woche.

GANZ IN WEISS

Für ca. 4 bis 5 Personen

PRODUKTE KOKOSMOUSSE

Für etwa 500 g

3 Blatt Gelatine
150 ml Kokosmilch
150 g weiße Kuvertüre
Abrieb und Saft einer Limette
2 EL Kokoslikör
200 ml Sahne

HERSTELLUNG KOKOSMOUSSE

Gelatine in kaltem Wasser einweichen.

Kokosmilch in einem Topf aufkochen und offen bei mittlerer bis starker Hitze etwas einkochen lassen, dabei mehrmals mit dem Spatel umrühren. Topf vom Herd nehmen, Kokosmilch etwas abkühlen lassen.

Kuvertüre sehr fein hacken und in der warmen Kokosmilch auflösen. Gelatine gut ausdrücken, unter Rühren in der Masse auflösen. Limettenschale und -saft sowie Kokoslikör unterrühren. Schüssel in ein kaltes Wasserbad stellen. Creme abkühlen lassen, dabei mehrmals umrühren. Sahne steif schlagen, ein Drittel der Sahne unter die Kuvertürenmasse rühren, restliche Sahne vorsichtig unterheben.

Etwa einen halben Teelöffel Sesampaste in die Dessertgläser füllen und die Kokosmousse darauf anrichten.

PRODUKTE JOGHURTMOUSSE

Für etwa 500 g

3 Blatt weiße Gelatine
Mark einer halben Vanilleschote
250 g Vollmilchjoghurt
Puderzucker
Abrieb einer Limette
250 ml Sahne
2 EL Zitronensaft

HERSTELLUNG JOGHURTMOUSSE

Gelatine in kaltem Wasser einweichen.

Vanilleschote längs aufschneiden und Mark herausschaben. Mit Joghurt, Puderzucker und fein abgeriebener Limettenschale verrühren. Sahne steif schlagen. Zitronensaft erhitzen, Gelatine tropfnass unter Rühren im warmen Saft auflösen und unter den Joghurt rühren. Geschlagene Sahne unterheben. Mousse abfüllen und kaltstellen.

AUSGARNIEREN ARRANGEMENT

Chia-Joghurt mit weißen, essbaren Blüten garnieren.

Auf die Kokosmousse etwas Sesampaste und Kokoschips geben.

Brombeere mit dekorativem Spießchen auf die Joghurtmousse setzen.

Kokospralinen und Schaumküsschen in weißen Pralinenmanschetten anrichten.

ANRICHTEN ARRANGEMENT

Alle Desserts dekorativ auf der Etagere platzieren.
Mit Dessertlöffeln ergänzen.

HIMBEER-BUTTERMILCH-CREME

Für ca. 4 bis 5 Personen

PLATTE

Buffetschüssel, Glas satiniert, abgestuft, Ø 46 cm

GRUNDPRODUKTE

700 g Himbeer-Buttermilch-Creme

GARNITUR

große Baiserwolken (Fertigprodukt)
Baisertupfen (Fertigprodukt)
weiße Zuckerrosen (Fertigrodukt)
Fächer aus einer großen Pflaume (Anleitung siehe Seite 144)
Himbeeren
Brombeeren
Blaubeeren
einige Zweige frische Minze

PRODUKTE HIMBEER-BUTTERMILCH-CREME

Für etwa 500 g

150 g Himbeeren (frisch oder TK)
125 ml Buttermilch (wenn möglich Fruchtbuttermilch, rote Früchte)
2 EL Zucker
6 Blatt Gelatine
200 ml Sahne

HERSTELLUNG HIMBEER-BUTTERMILCH-CREME

Himbeeren verlesen und abspülen. Eine Hälfte pürieren. Buttermilch, Zucker und Himbeerpüree verrühren.

Gelatine in kaltem Wasser einweichen, ausdrücken und bei schwacher Hitze auflösen. Unter Rühren die Buttermilch hinzufügen.

Sahne steif schlagen und mit den restlichen Himbeeren (einige Früchte zum Verzieren zurücklassen) unter die Buttermilchmasse heben.

Creme in eine Schüssel füllen und mindestens 2 Stunden ins Kühlhaus stellen.

AUSGARNIEREN ARRANGEMENT

Kurz vor dem Servieren werden die Baiserwolken und Tupfen mit den Zuckerrosen im hinteren Teil der Creme arrangiert.

Mit frischen Beeren und Minze Farbakzente setzen.

MEIN TIPP

Diese Creme kann auch mit vielen anderen Früchten zubereitet werden. Besonders gut eignen sich Erdbeeren, aber auch Aprikosen- oder Pfirsichmark passt sehr gut zu Buttermilch.

HIMBEER-BUTTERMILCH-CREME

Klein aber oho! So sind die Beerenfrüchte. Sie bringen den Sommer aufs Buffet. In Kombination mit erfrischender Buttermilch schmecken sie angenehm leicht und kommen bei Klein und Groß gut an.

ZUSAMMENSETZUNG

In dieser Schale ist eine Himbeer-Buttermilch-Creme angerichtet, die mit frischen Früchten, Minze und Baiserwolken ausgarniert wird.

- Als alleiniges Dessert für ca. 4 bis 5 Personen (man rechnet ca. 150 g pro Person)
- Kann 2 Tage vor der Auslieferung zubereitet werden. Anrichten am Tag der Auslieferung.
- Im Kühlhaus lagern (bei höchstens +7 °C)
- Schnell zubereitet
- Milch, Ei

BROMBEERTARTE

Unten knuspriger Teig, oben eine köstliche Füllung: Eine Tarte ist ein flacher Kuchen aus Mürbeteig, der süß oder herzhaft belegt werden kann. Hier haben wir uns für eine rechteckige Tarteform entschieden. Wenn's schnell gehen muss kann die Füllung auch in fertige Mini-Tarteletts gefüllt werden.

ZUSAMMENSETZUNG

Hier ist eine Brombeercreme auf einer flachen Mürbeteigtarte angerichtet und wird durch frische Beeren verfeinert.

- Als alleiniges Dessert für ca. 6 Personen
- Teig kann gut vorbereitet werden. Man kann ihn auch tiefkühlen. Die Creme einen Tag vor Auslieferung anfertigen.
- Im Kühlhaus lagern (bei höchstens +7 °C)
- mittlerer Aufwand
- Dinkel, Weizen, Milch, Ei

BROMBEERTARTE

Für ca. 6 Personen

PLATTE

große rechteckige Platte, schwarz

PRODUKTE MÜRBETEIGBODEN

100 g Amarettini
100 g kalte Butter
2 Eigelb
150 g Dinkelmehl
10 EL kaltes Wasser
Mark einer Vanillestange

HERSTELLUNG MÜRBETEIGBODEN

Amarettini in einen Gefrierbeutel füllen, diesen zuhalten und durch leichtes Schlagen mit einem Fleischklopfer oder Topfboden zu feinen Krümeln verarbeiten. Mit allen anderen Teigzutaten in eine Schüssel geben und rasch mit den Fingern zu einem Mürbteig verarbeiten. Teig auf einer gut bemehlten Arbeitsfläche zu einem Rechteck ausrollen und in eine leicht gefettete, mit Mehl ausgestäubte, Tarteform (am besten mit Lift-off-Boden). Den Rand hochdrücken.

Teig in der Form für etwa 15–20 Minuten in das Tiefkühlhaus stellen. (So wird der Teig schön kühl und schrumpft nicht beim Backen.)

Backofen auf 180 °C vorheizen. Ein Stück Backpapier auf den Teigboden legen und die Hülsenfrüchte darauf verteilen. Im vorgeheizten Backofen etwa 20–25 Minuten blindbacken (siehe Seite 243). Anschließend herausholen und vollständig auskühlen lassen.

PRODUKTE BROMBEERCREME

4 Blatt Gelatine
200 ml Sahne
300 g Brombeeren (TK)
60 g brauner Zucker
200 g Joghurt
Mark einer Vanillestange
Saft und Abrieb einer Bio-Orange

GARNITUR

Rispen von roten Johannisbeeren
Brombeeren, frisch
Blaubeeren
frische Minze

HERSTELLUNG BROMBEERCREME

Die Gelatine in kaltem Wasser einweichen.

Schlagsahne steif schlagen und kaltstellen.

Die Tiefkühl-Brombeeren und den braunen Zucker unter Rühren langsam und sanft in einem Topf erhitzen, bis alle Brombeeren aufgetaut sind, die Masse jedoch nicht kocht. Brombeeren mit einem Stabmixer fein pürieren und durch ein Sieb passieren.

Gut ausgedrückte Gelatine unter Rühren in dem noch warmen Brombeerpüree vollständig auflösen. Masse auf Zimmertemperatur abkühlen lassen.

Joghurt, Vanillemark, Orangenschalenabrieb und -saft hinzufügen und die Mischung in den kaltstellen, bis sie zu gelieren beginnt.

Steif geschlagene Schlagsahne unterheben.

Masse auf den Tarteboden geben und die Tarte für etwa 2 Stunden durchkühlen.

AUSGARNIEREN ARRANGEMENT

Die Tarteoberfläche nach Belieben mit frischen Brombeeren, Blaubeeren und Johannisbeerrispen garnieren. Mit frischer Minze vervollständigen.

ANRICHTEN ARRANGEMENT

Die Brombeertarte auf einer großen Platte anrichten und diese noch etwas mit Beeren und Aramettini dekorieren.

BLINDBACKEN

Blindbacken ist eine Methode, bei der der Teigboden ohne Füllung oder Belag vorgebacken wird. Dies verhindert, dass der Teig durchweicht oder aus der Form gerät. Je nach Rezept wird der Boden anschließend mit Füllung ausgebacken oder bleibt in der Form zum Auskühlen.

1 Den Teig ausrollen und in die gefettete Backform einpassen. Teig am Rand der Form leicht andrücken damit sich beim Backen keine Luftbläschen bilden. Den überstehenden Teig mit einem scharfen Messer abschneiden.

2 Den Teig in der Form vor dem Blindbacken mit Backpapier belegen und mit rund 500 g getrockneten Hülsenfrüchte, zum Beispiel Erbsen oder Linsen, beschweren. So wirft der Teig beim Blindbacken keine Blasen. Anschließend den Teig im vorgeheizten Backofen backen. Wird der Teig nach dem Belegen gedeckt und erneut gebacken, reicht es, den Boden 10–15 Minuten im Ofen zu lassen. Wird der Boden mit Zutaten gefüllt, die nicht erhitzt werden, können Sie den Teig 15–20 Minuten blindbacken. Anschließend werden die Hülsenfrüchte wieder entfernt.

1

2

MEIN TIPP

Damit der Teigboden stabil bleibt, den Boden vollständig auskühlen lassen, bevor er mit Früchten belegt oder sahnigen Cremes gefüllt wird. Die Hülsenfrüchte lassen sich problemlos mehrmals verwenden. Dazu einfach auskühlen lassen und zum Beispiel in einem Schraubglas aufbewahren.

ROT-GRÜNER OBSTSALAT MIT VANILLE UND BASILIKUM

Frische Kräuter schmecken köstlich und sorgen für das gewisse Extra in der guten Küche. Dabei passen Kräuter nicht nur zu herzhaften Gerichten. So können in der Küche Desserts nicht nur mit Zitronenmelisse oder Minze geschmacklich aufgepeppt werden, sondern auch mit Basilikum oder Thymian. Mit diesen Kräutern bereiten Erdbeeren, Himbeeren, Aprikosen oder Pfirsiche zum Beispiel ein ganz exklusives Geschmackserlebnis.

ZUSAMMENSETZUNG

In diesen Schüsseln ist ein rot-grüner Obstsalat angerichtet. Grüne Trauben, Kiwis, Erdbeeren, Pitahaya und Granatapfelkerne sind mit echter Vanille und frischem Basilikum zusammengestellt.

- Als Teil eines Dessertbuffets für ca. 12 Personen (man rechnet ca. 150 g pro Person)
- Kann maximal einen Tag vor Auslieferung zubereitet werden, gut abdecken
- Im Kühlhaus lagern (bei höchstens +7 °C)
- Einfache Herstellung, Warenwert je nach Auswahl und Saison

ROT-GRÜNER OBSTSALAT MIT VANILLE UND BASILIKUM

Für ca. 12 Personen

PLATTE

Glasschale, klar, oval, mit Struktur

GRUNDPRODUKTE

Jeweils in etwa gleicher Menge:
grüne Trauben
Kiwis
Erdbeeren
Pitahaya-Bällchen
Granatapfelkerne

pro Kilogramm Obst: Mark einer halben Vanillestange
1 Zweig Basilikum
Schale und Abrieb von einer Limette
3 EL Läuterzucker

GARNITUR

Basilikum

PRODUKTE LÄUTERZUCKER

1 Vanilleschote
1 Bio-Orange
1 Bio-Zitrone
500 g Zucker
500 ml Wasser
2 Sternanis

MEIN TIPP

Läuterzucker hält sich gut gekühlt ca. 6 Wochen und kann auch zum Süßen von Salatsoßen verwendet werden.

HERSTELLUNG LÄUTERZUCKER

Vanilleschote längs halbieren.

Schale von der Zitrone und Orange abreiben. Frucht auspressen.

Zucker und Wasser in einem großen Topf aufkochen. Vanilleschote, Sternanis, Orangen- und Zitronenschale und Saft zugeben und den Sirup 10 Minuten bei milder Hitze sanft kochen lassen.

Läuterzucker durch ein Sieb gießen und noch heiß in saubere Flaschen oder Gläser mit Schraubverschluss abfüllen.

HERSTELLUNG ROT-GRÜNER OBSTSALAT

Kiwi schälen, vierteln und in Scheiben schneiden. Grüne Trauben von den Stielen zupfen. Erdbeeren halbieren oder in Scheiben schneiden. Aus Pitahaya Bällchen schneiden. Kerne aus dem Granatapfel lösen. Alle Früchte locker in einer großen Schüssel mischen.

Limettensaft und -abrieb dazugeben.

Vanillestange aufschneiden. Das Mark herauskratzen und zum Obst geben.

Läuterzucker dazugeben und vorsichtig mischen. Durchziehen lassen.

Kurz vor dem Servieren Basilikum fein schneiden und unterheben.

AUSGARNIEREN ARRANGEMENT

Den rot-grünen Obstsalat in die Schüsseln verteilen und mit Basilikumzweig garnieren.

EXOTISCHE FRÜCHTEPLATTE

Für ca. 10 Personen

PLATTE

Palmblattschale, ausgelegt mit Klarsichtfolie

GRUNDPRODUKTE

18 Kiwi-Scheiben
17 Ecken von der Cantaloupe-Melone
17 Ananas-Stücke
15 Ecken von der Wassermelone
2 Zitronatzzitronen
2 Babybananen
½ gezackte Papaya
3 Physalis
2–3 Kumquats (Zwergorangen)
1 Karambola (Sternfrucht)

GARNITUR

frische Minze

HERSTELLUNG PLATTE

Schale bis zum Rand mit Klarsichtfolie auslegen.

Kiwis schälen und in ca. 0,5 cm dicke Scheiben schneiden. Cantaloupe-Melonen in Spalten schneiden und Schale entfernen. Ananas vierteln, Strunk herausschneiden. Schale entfernen und Fruchtfleisch in Scheiben schneiden. Wassermelone achteln, schälen und ebenfalls in Scheiben schneiden.

Die Fruchtstücke Sorte für Sorte in Reihen auf die Platte legen.

Zitronatzzitronen im Ganzen neben den Fruchtstücken auflegen. Mit Babybananen, einer gezackten Papaya, halbierten Kumquats und Karambolascheiben vervollständigen.

AUSGARNIEREN

Mit einigen Zweigen Minze garnieren.

INFO

In buddhistischen Tempeln wird die Zitronatzitrone als Opfergabe verwendet. Auf Deutsch wird sie auch Buddhas Hand genannt. Charakteristisch ist für diese Varietät, dass die einzelnen Fruchtsegmente einzeln von der Schale umgeben sind. Die Früchte sind aufgrund ihrer Form dekorativ, haben einen angenehmen Duft, enthalten jedoch kein safthaltiges Fruchtfleisch.

MEIN TIPP

Auch wenn die Zitronatzzitrone mehr der Optik als dem Geschmack gilt, so sollte man, gerade bei größeren Buffets hin und wieder die ein oder andere exotische Frucht präsentieren.

EXOTISCHE FRÜCHTEPLATTE

Ein Hauch Exotik liegt in der Luft. Ob Kiwi, Ananas, Papaya, Karambola oder Buddhas Hand. Die Auswahl an exotischen Früchten ist groß und bringt Farbe auf das Buffet.

ZUSAMMENSETZUNG

Auf dieser Palmblattschale sind verschiedene exotische Früchte angerichtet.

- Als Teil eines Dessertbuffets für ca. 10 Personen (man rechnet ca. 150 g pro Person)
- Sollte möglichst frisch zubereitet werden
- Im Kühlhaus lagern (bei höchstens +7 °C)
- leicht anzurichten, Warenwert je nach Auswahl und Saison

BEERENARRANGEMENT

Beerenfrüchte kommen immer gut an, verleiten zum Zugreifen und können auf die hier gezeigte Art ganz simpel arrangiert werden. Genießer können wählen zwischen Blaubeeren, Himbeeren, Erdbeeren, Physalis und anderen Beerenfrüchte der Saison. Durch die Wärme der Sonne entfalten sie ihren intensiven Geschmack. Dank des niedrigen Kaloriengehalts ist der sommerliche Beeren-Genuss nicht nur gesund, sondern auch figurfreundlich.

ZUSAMMENSETZUNG

Bei diesem Arrangement sind 5 Sorten von frischen Beeren zusammengestellt:
Erdbeeren, Himbeeren, Brombeeren, Blaubeeren und Physalis.

- Als Teil eines Dessertbuffets oder als Ergänzung zu Käse oder Süßspeisen für ca. 10 bis 12 Personen
- Kann maximal einen Tag vor Auslieferung zubereitet werden, gut abdecken
- Im Kühlhaus lagern (bei höchstens +7 °C)
- Einfach, schnell zubereitet, Warenwert je nach Auswahl und Saison

BEERENARRANGEMENT

Für ca. 10 bis 12 Personen

PLATTE

Platten, Schälchen und Löffel

GRUNDPRODUKTE

ca. 250 g Erdbeeren
ca. 250 g Himbeeren
ca. 250 g Brombeeren
ca. 250 g Blaubeeren
ca. 350 g Physalis

ANRICHTEN ARRANGEMENT

Erdbeeren waschen und halbieren. Himbeeren und Brombeeren waschen, trocknen und gemeinsam in einer Schale anrichten. Blaubeeren ebenfalls waschen und in eine kleinere Schale geben. Physalis – bis auf 3 Stück – von der nicht essbaren Schale befreien. Waschen und in einer Schüssel anrichten. Von den übrigen Physalis die Schale aufziehen und mit der Schale auf den Früchten anrichten.

AUSGARNIEREN ARRANGEMENT

Mit frischer Minze garnieren.

FRUCHTSALAT MIT MARASCHINO

Für ca. 8 Personen

PLATTE

Buffetschüssel, Glas satiniert, abgestuft, Ø 46 cm

GRUNDPRODUKTE

Je Sorte etwa die gleiche Menge:
Cantaloupe Melone
grünen Trauben
Physalis
Blaubeeren
Brombeeren
Kiwis
Kumquats
grünen Apfel
Pitahaya-Bällchen

20 ml Maraschino-Likör auf 1 kg Früchte

GARNITUR

gezackte Kiwi mit einer Brombeere
Apfelfächer (Anleitung siehe Seite 144)
Zahnstocher mit je 3 Physalis
Zahnstocher mit je 5 Blaubeeren
Minzezweig

HERSTELLUNG FRUCHTSALAT

Cantaloupe-Melone in Spalten scheiden, schälen und mundgerechte Stücke schneiden. Grüne Trauben von den Rispen zupfen. Physalis zum Teil halbieren. Kumquats in dünne Scheiben schneiden. Grünen Apfel achteln, vom Kernhaus befreien und in Scheiben schneiden. Bällchen aus der Pitahaya ausstechen. Alle Früchte in eine große Schüssel geben und locker mischen. Den Maraschino drüber geben und nochmals vorsichtig mischen.

Salat in die Schüssel geben und mit einer gezackten Kiwi, Apfelfächer, Fruchtspießchen und Minze garnieren.

MEIN TIPP

Suchen Sie sich, je nach Saison, eine Farbgruppe an Früchten aus und stellen Sie diese zu einem Fruchtsalat zusammen. Im Sommer können das z. B. nur rote Beeren sein, im Winter passen Orangen, Mandarinen und Kiwi mit grünen Trauben zusammen.

HERSTELLUNG FRUCHTBÄLLCHEN

1. Früchtebällchen sehen auf Spießchen, aber auch auf Platten oder in Fruchtsalaten sehr schön aus. Zur Herstellung benötigt man Früchte mit relativ festem Fruchtfleisch, Kugelausstecher (auch Kartoffellöffel genannt) und eventuell einen Entkerner.

2. Gut geeignet sind Melonen, Papayas, Birnen, Pitahajas aber auch Gurken und Kartoffeln können in die runde Form gebracht werden. Die Früchte durchneiden und so weit als möglich die Kerne entfernen. Am Besten funktioniert das mit einem Entkerner.

3. Dicht nebeneinander dreht man Kugeln aus den Früchten oder Gemüsesorten aus. Interessant sehen beispielsweise bunt gemischte Melonenkugeln aus. Aber auch die Kugeln der schwarz-weißen Pitahaya sind dekorativ.

1

2

3

FRUCHTSALAT MIT MARASCHINO

Der perfekte Obstsalat ist garantiert keine Fertigmischung aus der Dose. Frische und reife Früchte sind die gesunde Grundlage für ein leckeres Dessert, das vor allem an warmen Tagen für eine süße Erfrischung sorgt. Hier sorgt ein wenig Maraschino-Likör für den besonderen Kick.

ZUSAMMENSETZUNG

Dieser Fruchtsalat ist zusammengestellt aus:
Grünen Trauben, Physalis, Blaubeeren, Brombeeren, Kiwis, Kumquats, grünen Äpfeln und Pitahaya.

- Als Teil eines Dessertbuffets für ca. 8 Personen (man rechnet ca. 150 g pro Person)
- Kann maximal einen Tag vor Auslieferung zubereitet werden, gut abdecken
- Im Kühlhaus lagern (bei höchstens +7 °C)
- Einfach zuzubereiten, Warenwert je nach Auswahl und Saison
- Alkohol

BEZUGSQUELLEN

LEBENSMITTEL

TRANSGOURMET

Transgourmet Deutschland GmbH & Co. OHG
Albert-Einstein-Str. 15
64560 Riedstadt
Telefon: 0800-1722722
Email: kontakt@transgourmet.de
Web: www.transgourmet.de

Hier gelangen Sie direkt zum
Transgourmet Webshop

EINWEGGESCHIRR

pacovis food packaging

Pacovis Deutschland GmbH
Kappishäuser Straße 74
72581 Dettingen an der Erms
Telefon: +49 7123 38 00 4-0
Email: mail@pacovis.de
Web: www.pacovis.de/food-packaging

Hier gelangen Sie direkt zum
Pacovis Webshop

TISCHWÄSCHE

Hotelwäsche Erwin Müller

Hotelwäsche Erwin Müller GmbH
Hettlinger Straße 9
86637 Wertingen
Telefon: +49 8272 6043046
Email: service@hotelwaesche.de
Web: www.hotelwaesche.de

BUFFETGESCHIRR

ZIEHER

Zieher KG
Kulmbacher Str. 15
95502 Himmelkron
Telefon: +49 9273 9273-0
Email: info@zieher.com
Web: www.zieher.com

Hier gelangen Sie direkt zum
Zieher Webshop

MESSER UND GARNIERWERKZEUG

GIESSER MADE IN GERMANY

Johannes Giesser Messerfabrik GmbH
Johannes-Giesser-Str. 1
71364 Winnenden
Telefon: +49 7195 1808-0
Email: info@giesser.de
Web: www.giesser.de

GASTRONOMIEBEDARF

BATANIA

BATANIA DIRECT GmbH
Spezialversand
Vorwerkstr. 12
95326 Kulmbach
Telefon: +49 9221 807173
Email: info@batania.com
Web: www.batania.com

NACHHALTIGKEIT · QUALITÄT · TRANSGOURMET
TRANSGOURMET
URSPRUNG

REZEPTREGISTER

DIPS, SALTE & VORSPEISEN

Avocadocreme **19, 46, 99, 105**
Avocado-Dip **24**
Bunte Salatplatte **26**
Gefüllte Eierhälften **41**
Gemüse-Antipasti **50**
Gemüse-Frischkäse **18**
Gemüsesülze **53**
Gemüsetatar **47**
Grünkernsalat **46**
Kräuterquark **20**
Kräuterremoulade **54**
Kräutervinaigrette **54**
Mango-Curry-Dip **20**
Mediterraner Gemüsesalat **34**
Oliventapenade **19**
Paprikahummus **18, 46, 98**
Pastasalat **30**
Pesto **32**
Rapunzelbrot **20**
Rucola-Pesto **25**
Salat aus Artischockenherzen **38**
Schinken-Oliven-Sülze **54**
Vegane Gemüse-Creme **24**
Walnuss-Pesto **19**
Wurstsülze **53**
Ziegenkäse-Paprika-Dip **19**
Zitronenmayonnaise **54**

HÄPPCHEN UND FINGERFOOD

Antipasti-Frischkäse **73**
Blauschimmelkäse-Canapés **68**
Bratwurstsalat **88**
Butterkäse-Canapés **68**
Frischkäse-Joghurt-Dip **77**
Garnelenhäppchen **60**
Geflügelhäppchen **60**
Gouda-Canapés **68**
Gourmetspieße **93**
Herzhafte Cupcakes, Donuts und Lolly Pops **80**
Käse-Schnittchen **70**
Kräuter-Frischkäse-Dip **77**
Lachshäppchen **60**
Leberwurstcreme-Häppchen **60**
Löffelfood **83**
Mini-Windbeutel **68**
Minz-Guacamole mit knuspriger Polenta **90**
Mozzarellahäppchen **60**
Obatzter **88**
Rohschinkenhäppchen **60**
Sauerrahm-Frischkäse **72**
Scharfe Tomatensalsa **98**
Tomatensalsa **73**
Tramezzini **74**
Weißwurstspieß mit Senfpesto **89**

FISCH & MEERESFRÜCHTE

Carpaccio von Lachs und Pulpo **130**
Edelfischplatte **120**
Eiercreme **104**
Fisch-Torteletts **102**
Forellen-Canapés **112**
Garnelen-Canapés **112**
Geräucherte Forelle mit Knusperspitzen **134**
Glasnudelsalat **116**
Graved-Lachs-Canapés **112**
Lachs-Frischkäse-Creme **108**
Lachstatar mit Avocadocreme **116**
Matjessalat **141**
Meeresfrüchtevielfalt **138**
Meerrettichfrischkäse **104**
Nordseekrabbensalat **116**
Räucherlachs-Canapés **112**
Tapas mit Fisch **106**
Vielfalt vom Lachs **124**

FLEISCH, WURST & KÄSE

Brotzeitplatte **184**
Entenbrust mit Apfelsalat **155**
Geflügelsalat mit Pfifferlingen **165**
Gemüse-Frischkäse **198**
Geräucherte Gänsebrust mit Mango-Salsa **162**
Hirschkalbsrücken **152**

Italienische Spezialitäten **176**

Medaillons von Kalb, Pute und Rind **148**

Melonensalat **182**

Pesto-Frischkäse **198**

Roastbeef mit Papaya-Salsa **160**

Sandwichtorte mit Frischkäse **190**

Schinkencreme **183**

Schinken-Spargel-Salat **182**

Tafelspitz mit Semmelknödel-carpaccio **168**

Vesperplatte **187**

Vitello Tonnato mit Gemüse-locken **172**

Weichkäse-Auswahl **193**

DESSERTS & FRÜCHTE

Blaubeerkompott **234**

Campari-Orangen-Terrine **214**

Champagnercreme **215**

Chia-Joghurt **234**

Cremige Fruchttörtchen **224**

Double-Chocolate-Brownies **219**

Dreistöckige Schokoladentörtchen **225**

Dunkle / Helle Schokoladen-Mousse **209**

Melonen-Erdbeer-Salat **214**

Milchreis **235**

Nussecken **218**

Schwarz-Weiße Türmchen **227**

Süßes zum Kaffee **216**

Tarteletts mit Zartbitterschokoladen-Ganache **210**

Vanillecreme **215**

Veganes Schokoladen-Mousse **208**

Weiße Joghurt-Schokoladen-Creme mit Granatapfelkompott **228**

Zimtfrüchte mit Vanillecreme **214**

GARNITUR

Anthurie aus Paprika **21**

Artischockenrosen **179**

Austernbrot **118**

Blätter aus der Kohlrabiknolle **127**

Butter-Seerosen **123**

Calla Blüte **29**

Frucht- und Gemüsefächer **144**

Fruchtbällchen **253**

Früchte zacken **161**

Gemüse ausstechen **199**

Gemüselocken **175**

Gurkenrosen **128**

Knusperspitzen **137**

Laugenchips **89**

Obstzesten **133**

Parmesanchips **32**

Proschuttochips **33**

Pumpernickelchips **183**

Radieschenblüten **145**

Rettichspaghetti **28**

Tomatenrosen **113**

MEIN DANK

„ZUSAMMENKOMMEN IST EIN BEGINN
ZUSAMMENBLEIBEN IST EIN FORTSCHRITT
ZUSAMMENARBEITEN IST EIN ERFOLG"

Henry Ford (1863–1947)

EIN HERZLICHES DANKESCHÖN ...

... für ein Werk, das nur durch perfektes Miteinander entstehen konnte.

DANKE ...

... für riesengroßes Vertrauen,

... für Kreativität und Kompetenz,

... für gute Ideen und Inspirationen,

... für Verständnis und Professionalität,

... für Fahrdienste und Kinderbetreuung,

... für Schleppen, Schnippeln und Abspülen,

... für offene Ohren und unendliche Geduld,

... für ungezählte E-Mails und lange Telefonate,

... für brillante Bilder und unermüdlichen Einsatz,

... für beste Lebensmittel, tolles Geschirr und gute Werkzeuge.

DIE AUTORIN

Seit fast 30 Jahren dreht sich das Berufsleben von **ASTRID SCHMITT** ausschließlich um gute Lebensmittel. Angefangen hat sie mit der Lehre als Fleischerfachverkäuferin, der sich die Ausbildung zur Metzgerin anschloss. Nach der Meisterprüfung und dem Studium zur Betriebswirtin des Handwerks hat sie die Filialleitung im elterlichen Betrieb übernommen. Zeitgleich bekam sie die Möglichkeit Seminare zu leiten und arbeitet nun seit über 20 Jahren freiberuflich als Referentin.

Ihre Arbeitsfelder sind vielfältig geworden, jedoch dreht sich alles um den Bereich Lebensmittel, die gut in Szene gesetzt werden. Der Schwerpunkt liegt hierbei beim Platten- und Partyservice sowie Fingerfood-Bereich. Inzwischen hat sich der, einst an die Metzgerei ihrer Eltern angegliederte, Partyservice zu einem kleinen, persönlich geführten Cateringunternehmen entwickelt.

Ihre praxisorientierten Schulungen oder Workshops werden von Firmen zur Kundenbindung gebucht oder in Betrieben für Mitarbeiterschulungen eingesetzt.

Bei Messen oder Firmenjubiläen dienen die Präsentationen von Astrid Schmitt der Imagewerbung und der Verkaufsförderung.

Für einige namhafte Firmen betreut sie die fotografischen Arbeiten in Bezug auf Ideen, Ausgestaltung und Durchführung. Sie zeichnet sich hier vor allem durch ihre fachliche Genauigkeit aus. Bei Messeauftritten und Firmenpräsentationen liefert sie die Ideen für die Imagewerbung.

Als freiberufliche Redakteurin ist sie im Bereich „Food" tätig.

Das Fachbuch „Moderne Platten und Häppchen – Professionelle Arrangements für alle Anlässe" ist bereits ihr drittes Fachbuch. In diesem Werk liefert sie vor allem Inspirationen und vermittelt die wichtigsten Handgriffe und Tipps für ein gelungenes Catering.

MMM

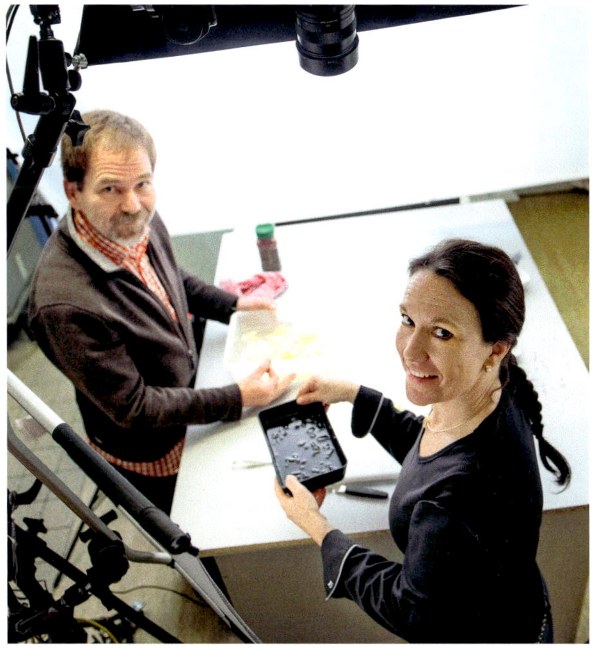

BILDNACHWEIS

Alle Fotos stammen von „Wolfgang Usbeck Photographie", www.wolfgang-usbeck.de, mit Ausnahme folgender Bilder:

© Floortje (iStock) S. 76 | © milanfoto (iStock) S. 208, 209, 210 | © Natikka (iStock) S. 237 | © Transgourmet S. 257

dfv Matthaes Verlag

ISBN 978-3-87515-421-4

Konzept, Kreationen, Texte: Astrid Schmitt, Bad Kissingen

Fotografie: Wolfgang Usbeck Photographie, Obertshausen

Lektorat: Alessa Füller, Matthaes Verlag GmbH, Stuttgart

Repro: Boris Wick, Gschwend

Gestaltung: Atelier Krohmer, Dettingen/Erms

Printed in Germany